시작을 위한 쉼표 **5**분

시작을 위한 쉼표 5분

1판 1쇄 인쇄 | 2008. 10. 6
1판 1쇄 발행 | 2008. 10. 10

지은이 | 한휘
펴낸이 | 박옥희
펴낸곳 | 도서출판 인디북

등록일자 | 2000. 6. 22
등록번호 | 제 10 - 1993호
주소 | 서울시 마포구 용강동 469 하나빌딩 2층
전화 | 02) 3273-6895 팩스 | 02) 3273-6897

ISBN 978-89-5856-115-6 03320

성공적인 출발을 원한다면 5분만 투자하라

시작을 위한 쉼표

5분

인디북

현재 당신은 어디까지 왔는가. 너무 쉼 없이 달려와 현기증이
날 정도는 아닌가.

아니면 시작조차 하지 않고 출발점에서 머뭇거리고 있는가.

멋진 인생을 꿈꾸며 지금까지 성공을 위해 쉬지 않고 달려왔다
면 지금 생각하는 시간을 가져라. 왜냐면 너무 꽉 찬 머리로는 성
공을 하기 힘들 것이고 설사 성공을 했더라도 곤두박질 칠 수 있는
확률이 커지기 때문이다. 더 탄탄한 성공의 길을 달리기 위해 호흡
을 가다듬어라.

당신이 성공을 하기 위한 시도조차 하지 않고 주어진 하루를 살
기에만 급급해 있다면 실패하지 않을 새로운 시작을 준비하라.

이 책 『시작을 위한 쉼표 5분』은 그저 쉬는 것을 의미하지 않는
다. 당신의 인생에서 가장 중요한 것을 놓치지 않기 위해 5분을 투
자하라는 말이다. 새로운 시작을 원하거나 인생에서 고비를 맞이
한 사람들은 똑같은 일상을 반복하는 것으로는 전환점을 이루기

어렵다. 자신이 어떤 상황에 있으며 자신의 문제는 무엇인지 되돌아보라. 그리고 자신을 다스리며 인간관계에서 고쳐야 할 점이 무엇인지 생각하라.

『시작을 위한 쉼표 5분』은 사람들의 여러 가지 고민을 간결한 문장 속에 압축시켜 놓았다. 그리고 문득 깨우쳐 오래 간직할 만한 교훈을 남긴다.

하루 5분, 이 책에 투자하라. 당신이 꿈꾸는 어떤 미래든 당신의 것으로 만들 수 있다. 너무나 거창한 계획을 세우기보다는 작게 시작하여 멀리 가는 지혜를 선택하라.

당신의 인생을 달라지게 하는 것에는 여러 가지가 있을 것이다. 여러 가지 중에서 당신에게 가장 적당하고 상황에 맞는 방법을 찾아야 한다. 그러기 위해서는 잠시 멈추어라. 영원한 멈춤이 아니라 더 큰 도약을 위해 호흡을 가다듬는 시간을 가지라는 것이다.

『시작을 위한 쉼표 5분』은 성공을 위하여 정신없이 하루를 시작하는 사람에게는 여유 있는 성공의 길을 가르쳐 줄 것이고, 게을러서 인생을 제대로 보낸 적 없는 사람에게는 가장 짧은 투자로 가장 큰 효과를 올리는 법을 알려 줄 것이다.

차례

실패하지 않을 시작을 위해 5분을 투자하라

1장 시작을 위한 플래닝

3장 성공을 만드는 능력

4장 남들이 하지 않는 시도 변화

5장 인생이 달라지는 5분

1장 | 시작을 위한 플래닝 **,**

우리 시대 성공의 키워드 '열정'

세상에 살면서 한번쯤 '성공'에 대해서 장밋빛 희망을 꿈꾸지 않았던 사람이 몇이나 되던가? 하지만 꿈꾼다고 해서 다 이루어질 수 있는 게 '성공'이라면 사람들이 그토록 간절하게 '성공'을 바라지는 않을 것이다.

'성공'의 열쇠는 과연 무엇일까? 뭐니 뭐니 해도 우리 시대 성공의 키워드는 단연 '열정'이다. 열정은 꿈을 실현시켜 줄 수 있는 삶의 원동력이자 타인마저 변화하게 만드는 긍정적인 감염의 에너지이다.

세상에는 뛰어난 재능을 지녔으면서도 열정적으로 이를 실현에 옮기지 못해 늘 성공한 사람들을 향해 투덜거리는 게으른 천재가 있는가 하면, 자신의 조그만 재능을 열정으로 승화시켜 남들이 존경하고 부러워하는 위치에까지 오른 노력하는 천재도 있다.

우리 시대의 노력하는 천재로 얼마 전 한국을 다녀간 미국 일리노이대 강영우 교수를 손꼽을 만하다. 강 교수는 중학교 2학년 때

교통사고로 시각 장애인이 된다. 감수성 예민하던 사춘기 시절에 당한 사고는 비범한 천재에게 세상을 원망하게 만든다. 몇 번이나 자살을 결심하기도 했던 그가 삶에 대한 '열정'을 되찾게 된다. 그 것은 바로 아버지의 간곡한 권유로 맹인학교에 입학하고 험난한 학문의 길로 들어서고부터였다. 그는 일반인도 들어가기 어렵다 는 명문대에 당당히 합격하는 영광을 누린다. 그리고 또다시 자신 의 운명을 스스로 개척하려는 열정으로 미국 유학을 감행하여 일 리노이대에서 석·박사 학위를 얻고 드디어 교단에 서게 된다.

"열정만 있으면 꿈은 이루어집니다. 꿈과 열정만 있다면 장 애가 있어도 행복합니다."

몇 년 전, 고국을 방문해 그가 했던 말은 많은 사람들을 감동시켰다.
열정은 꿈을 가진 사람을 도와주는 내면의 힘이다. 자기가 관심 을 두고 있는 분야를 찾아 그것에 매진했을 때, 자기 내부에서 나 오는 에너지이다. 때문에 열정은 능력 이상의 힘을 발휘할 수 있도 록 해 주고 불가능마저 가능하게 만든다. 어떠한 역경 속에서도 희 망과 자신감을 잃고 싶지 않다면, 자기 안에 있는 열정을 이끌어 내자. 당신 안에 숨겨진 열정을 찾을 때, 당신의 삶은 한 걸음 더 전진할 것이다.

성공의 가능성을 열어 두어라

할 수 있다는 가능성을 늘 마음에 새겨 두는 것이 곧 성공의 철학이다. '과연 내가 할 수 있을까?' 하는 어중간한 마음가짐은 실패의 지름길이다. 100% 성공에 대한 확신을 품어라. 불가능이라는 단어는 이제 당신의 두뇌에서 삭제하라. 그렇게 할 때 비로소 새롭고 적극적인 생각이 당신을 채우게 된다.

당신이 비록 어렵고 힘든 상황에 처해 출구가 보이지 않더라도, '나는 무조건 해낼 것이다!' 라는 태도로 헤쳐 나갈 때 비로소 상황은 개선되고, 필요로 하는 생각과 도움을 줄 사람들이 나타나게 된다.

언제나 성공의 가능성을 열어 두어라. 그러면 당신은 이미 성공이라는 보물을 손에 거머쥐고, 그 성공과 함께 뛰고 있는 것이나 마찬가지다.

꿈이 있는 사람은 빛나고 매력적으로 보인다.
꿈이 있는 사람일수록 성공할 확률도 높다.
유대인 격언

계획을 세우면 미래가 보인다

집은 새로운 모양으로 빚을 수도 있고 모양을 바꿀 수도 있는 진흙 덩어리와 같다. 고정시켜서 모양을 만들고, 떼어 내거나 붙일 수도 있고, 색을 칠하고, 벽지를 바르고, 카펫을 깔고 판자를 댈 수도 있다. 집을 어떻게 바꿀 것인지 생각해 보고 책에 있는 사진을 찾아보기도 한 다음, 설계도를 주문 할 수도 있다. 재료를 쌓아 두고 보수하는 법에 관한 수업을 들을 수도 있고, 다른 사람의 조언을 들을 수도 있다.

하지만 집은 당신이 붓과 페인트 통을 들고 일을 시작하기 전까지는 변하지 않은 상태로 남아 있다. 일을 시작한 다음 에야 오늘 한 일의 결과를 내일 볼 수 있게 된다.

계획을 세우면 미래가 어떻게 될 것인지 그려 볼 수 있다. 그러나 실제로 그것을 가능하게 하는 것은 행동이다. 옳다는 자신감만 있으면 절대로 이룰 수 없는 꿈은 없다.

지나간 시간은 바꿀 수 없다.
당신의 의지로 바꿀 수 있는 건 앞으로의 시간, 미래뿐이다.
MDRT 명사 강연록

매일 달성할 목표를 정하라

사람들은 종종 기대를 갖고 계획을 세우고 행동을 하다 보면 자신을 너무 몰아붙인 나머지 성공을 해도 전혀 만족을 하지 못하는 경우가 있다. 당신의 한계를 인정하라. 원하는 것을 다 할 수는 없다. 아무리 훌륭한 일일지라도 당신 자신을 지나치게 몰아붙여서 너무 많은 일을 한다면 삶을 즐길 수 없게 된다.

당신이 행동하는 방식은 당신 자신의 일부이다. 오늘 아침 대신 내일 아침에 일어날 일을 걱정하면서 미친 듯이 서두르며 산다면, 당신은 당신만의 인생을 잃어버리고 말 것이다.

당신의 스피드에 맞춰서 페이스를 조절하는 법을 알고, 매일매일 달성할 수 있는 목표를 정하는 법을 배워라. 그래야만 비로소 당신은 "이제 이 일을 끝냈으니, 또 다른 만족을 위해 다른 일을 할 필요가 없다."라고 말할 수 있을 것이다.

모든 실패의 원인은 계획하지 않고 행동하는 데 있다.
피터 드러커

 목표에 대한 믿음을 가져라

어떤 작가가 마감이 다음 날인데 아직 첫 문장도 쓰지 못하고 있다. 아침 일찍부터 계속 일을 하려 했지만 전혀 진척이 없었다. 짜증이 난 그는 곧 산책에 나섰다. 한 시간 동안이나 우거진 숲을 헤치고 들어가 강에 다다랐고, 강가에서 물이 흐르는 소리를 들으며 휴식을 취하고 나니 기분이 상쾌해졌다. 다시 컴퓨터 앞에 앉으니 손가락이 저절로 움직여 멋진 말들을 만들어 냈고, 일을 끝낼 수 있었다.

당신의 내부에 있는 자원들이 소리를 내며 밖으로 흘러나오게 하기 위해서는 가끔씩 자신을 가라앉힐 필요가 있다. 당신은 언제나 계획된 일을 하며 살아간다. 일이 제대로 되어 가고 있는 것 같지 않은 때도 목표는 변하지 않는다.

목표에 대한 신념을 버리지만 않는다면 당신의 삶은 더욱 단순하고 명료해질 것이다. 그리고 달성하고자 하는 목표에 성큼 다가갈 수 있을 것이다.

능숙한 궁수는 목표물이 멀리 떨어져 있으면 훨씬 높은 곳을 겨냥한다.
가능한 한 그 목표 가까이에 화살이 떨어지도록 하기 위해서이다.
마키아벨리, 『군주론』

선택에 주의를 기울여라

시간을 어떻게 보낼 것인지 정하는 일은, 당신에게 중요한 무엇인가를 보게 해 준다. 아무런 목표도 없다면, 당신은 그냥 시간 죽이기만 하는 것일 뿐이다. 만약 너무나 많은 목표를 가지고 있다면, 그 모든 일을 하기에 시간이 부족할 것이다.

당신은 자신이 가지고 있는 가치관에 근거해서 몇 가지 선택을 해야 한다. 어떤 일을 위해서는 더 많은 시간을 할애하고, 어떤 일은 포기해야 할 것이다.

예를 들어 기타를 배우기로 결심하고 시간을 투자할 수도 있고, 목적 없이 모이는 어떤 모임을 탈퇴할 수도 있을 것이다. 아니면 공부하는 시간을 더 늘릴 수도 있고 더 줄일 수도 있다.

이런 순간순간의 선택을 통해 당신은 삶을 만들어 간다. 당신이 그러한 선택에 주의를 기울인다면 그 어떤 성공한 인물 못지않은 삶을 살 수 있을 것이다.

기회가 두 번 당신의 문을 두드리리라고는 생각하지 마라.
S. M. 상폴

적당한 분량의 일을 정하라

대개 일이란 꼭 한꺼번에 해야 하는 것이 아니다. 적당한 양으로 분량을 나누어 매일 꾸준히 하는 것이 효과적이다. 일은 하나의 큰 덩어리가 아니라 작은 조각들이 뭉쳐져서 전체를 이루고 있기 때문이다.

하루에 너무 많은 것을 하려고 들지 마라. 너무 많은 것을 하게 되면 의욕을 잃게 되거나 일의 질을 떨어뜨릴 수 있다.

당신이 일할 수 있는 시간은 충분하다. 그렇다고 게으름을 피워도 좋다는 뜻은 아니다. 적당한 양을 정하고 매일 그만큼을 처리한다면 곧 모든 일을 항상 충분한 시간에 마칠 수 있다.

여러 가지를 가장 빨리 할 수 있는 방법은 한 번에 한 가지씩만 하는 것이다.
사무엘 스마일즈

먼저 시작하는 아침

서울 상계동에 사는 권여정 씨(보험설계사)의 하루는 새벽 5시 30분에 시작된다. 그녀는 여명이 채 가시지 않은 새벽에 일찍 일어나서 세안을 한 후에 유기농 잡곡을 갈아 만든 선식을 우유와 섞어 먹는 것으로 아침 식사를 대신한다. 그리고는 회사 근처에 있는 피트니스 센터로 향한다. 그녀가 타고 가는 차 안에는 언제나 허브 향이 향기로운 아로마 스틱과 오렌지 향 비타민제가 상비되어 있다. 6시 30분쯤 피트니스 센터에 도착하여 1시간가량 태보를 하고 30분가량 아침 명상으로 마음을 정돈하고 나서 회사로 향한다.

피트니스 센터와 회사가 가까운 권 씨는 다른 직원보다 30분가량 이른 8시 30분쯤에 먼저 회사에 도착한다. 그리고는 조용히 자리에 앉아 오늘 하루 만나야 할 고객과 처리해야 할 보험 관련 업무를 꼼꼼히 점검한다. 조금 있다가 하나 둘 출근하는 동료 직원들과 웃으면서 가볍게 눈인사를 나누고 권 씨는 고객과의 만남을 위해 힘차게 자리를 박차고 현장으로 향한다.

하루를 의미 있고 눈부시게 맞이하는 아침형 인간들은 남보다 먼저 일어나 자신의 희망을 실천에 옮긴다. 이른 아침에 조깅을 하거나, 헬스클럽에 가서 몸을 가꾸거나, 수영장에서 힘차게 물살을 가른다. 그들은 건강을 위해 몸에 좋은 유기농 식품과 제철에 나는 먹을거리를 찾는다. 그날 업무가 끝나면 불필요한 회식 자리는 피하고 명상 센터에서 심신을 달래거나 피트니스 센터에서 땀을 흘린다.

아침형 인간들은 하루를 보다 의미 있게 주체적으로 살기 위해 하루 일과를 자신에게 맞게 주관적으로 관리한다. 이를 위해 퇴근은 가급적 정시에 하고 자기계발이나 건강을 위해 아낌없이 시간을 투자한다. 이들에게 저녁은 의미 있는 아침을 위한 휴식과 준비의 시간이다.

이들에게 아침은 신체와 정신이 조화롭게 피어나는 에너지가 충만한 하루의 시작이다. 자연의 아침을 호흡하며 상쾌하게 출발하는 하루는 벌써 성공을 예약한 것이나 다름없다. 아침을 적극적으로 활용하면 모든 일에 여유가 생긴다. 여유를 가지고 대하는 모든 일은 순리대로 풀리기 마련이다. 이른 아침 시간을 많이 활용하는 사람은 이성적이고 적극적이며 안정적인 모습을 보인다. 아침형 생활을 지속하면 생활 자세도 긍정적으로 바뀐다.

사소한 것에 인생을 걸지 마라

　일을 하다 보면 잘될 때도 있고 안 될 때도 있는 법이다. 아무리 확고한 목적의식을 가지고 매달려도 경우에 따라서는 예기치 못했던 결과를 가져오기도 한다.

　당신도 작은 일에 실망을 느껴 좌절하고 방황한 적이 있었을 것이다. 그렇다면 현재의 당신에게 그 실망이 어떤 의미를 가지고 있는지 생각해 보라. 인생이란 여러 가지 경험을 통해 깨달아 가는 것이다.

　보다 큰일을 하기 위해서라도 작은 일에 실망하지 마라. 그보다는 새로운 에너지를 충전시킬 수 있는 당신만의 방법을 생각하라.

진짜 행복은 참으로 값이 싼데도 우리는 행복의 모조품을 너무 값비싸게 사고 있다.
A. 말로

 당신만의 색깔을 잃지 마라

어느 누구와의 관계에서도 당신 자신을 잃어서는 안 된다. 상대방과의 관계에만 초점을 맞추다 보면 자신을 잃게 되고 협상에 있어서도 공정함과 대등한 관계를 유지할 수 없게 된다.

물론 필요에 따라 당신 자신을 포기하기도 하고 양보도 해야 한다. 그렇지만 가장 중요한 것은 상대를 존중하는 것 못지않게 자신을 사랑하고 키워 내는 것이다. 남에게 의지하지 않고 스스로 선택할 수 있으려면 당신만의 색깔을 잃지 말아야 한다. 무엇이든 혼자 느끼고 즐기고 행할 수 있을 만큼 대담해져야 하고, 스스로의 시각과 의지로 세상을 보고 판단할 수 있어야 하는 것이다.

따라서 당신 자신을 잃지 않는다는 것은 누군가에게 의지하기보다는 다른 사람들의 세계와 당신의 세계를 맞춰 가는 것을 의미한다.

인생의 멋진 진리는 오직 한 가지,
인간은 자신의 생각을 통제할 수 있다는 사실이다.
브라이언 트레이시, 『사업성공의 길』

좋은 생각은 밝은 색의 그림이다

좋은 생각이란 밝은 색으로 그려진 그림과 같다. 부정적인 생각은 어둡고 음울하다. 우리는 삶이라는 그림을 우리의 생각으로 그려 간다. 잠깐 뒤로 물러나서 캔버스를 바라보면 당신이 그리고 있는 그림이 밝은 색깔로 그린 살아 있는 그림인지 아니면 어두운 구름이 덮고 있는 것처럼 음울하고 생명이 없어 보이는 그림인지를 판단할 수 있을 것이다.

당신이 무엇을 기대하고 찾고 있는가에 따라 생각은 기쁨이나 슬픔을 당신의 인생에 불러들일 수 있다. 그러므로 당신의 인생이 어떻게 되었으면 하는가는 당신이 선택할 수 있는 문제이다.

매일 새로운 그림을 그릴 수 있으므로 마음에 들지 않는 일은 자유롭게 바꿀 수 있다는 사실을 기억하라. 현재보다 더 좋은 때가 없음도 잊어서는 안 된다.

긍정적인 사고는 성공의 날개이다.
MDRT 명사 강연록

 인생의 주인공이 되어라

　당신은 무슨 일이든 해낼 수 있는 잠재력을 가졌다. 그러니까 '나는 안 된다.' 는 소극적인 생각을 벗어 던져라. '그럼에도 불구하고 나는 할 수 있다.' 는 적극적인 사고방식을 가져야 한다. '그럼에도 불구하고' 라는 진취적인 사고방식은 목표를 현실화시키는 데 있어 반드시 필요한 필수 조건이다. 길은 스스로 찾는 사람에게 열리는 법이다.

　무슨 일이든 당신에게 주어진 일은 '더욱 효율적이고, 더욱 정확하고, 더욱 쉽게 한다.' 는 생각으로 삶을 사랑한다면 당신은 당신이 원하는 대로 삶을 조정할 수 있을 것이다.

　삶에 끌려 다녀서는 안 된다. 삶을 주도해야 한다.

인간의 적절한 역할은 존재하는 것이 아니라 사는 것이다.
잭 런던

너무 쉽게 낭비되는 순간을 모아라

옛날에 유명한 예술가가 훌륭한 성당에 스테인드글라스 창문을 설치하기 위해서 고용되었다. 그에게는 젊고 열정적인 도제가 있었는데, 그 도제는 작은 창문 하나만이라도 자신이 디자인할 수 있게 해 달라고 간청하였다. 예술가는 그를 믿고 허락했다가 잘못되어 비싼 대가를 치르게 되진 않을까 염려되었다. 도제는 끈질기게 애원했다. 결국 예술가는 자신이 쓰고 남은 재료로 남는 시간을 활용하여 작업한다는 조건으로 도제에게 작은 창문의 디자인을 허락하였다.

도제는 스승이 버린 유리 조각들을 모아서 틈틈이 작업을 하였다. 마침내 성당이 문을 열었을 때 사람들은 그 작은 창문 앞에 서서 탁월한 아름다움을 칭찬하였다.

당신의 삶도 이와 다름없다. 너무 쉽게 낭비하고 헛되이 써 버리는 순간과 기회들을 한데 모으는 시간을 꾸준히 갖는다면 당신은 그것들을 뭔가 아름다운 것으로 만들어 낼 수 있을 것이다.

보통 사람은 시간을 소비하는 것에 마음을 쓰고,
재능 있는 사람은 시간을 이용하는 것에 마음을 쓴다.
A. 쇼펜하우어

시간이라는 강물은 되돌아오지 않는다

당신이 일하고 있을 때나 잠들어 있을 때, 무언가에 열중하고 있을 때나 게으름을 피우고 있을 때에도, 세월이란 강물은 언제나 한결같은 속도로, 한 번도 뒤돌아보는 법 없이 도도히 흘러간다.

기쁨에 겨워 춤을 추고 있거나, 고통에 허덕이고 있을 때에도 '시간의 법칙'엔 결코 예외가 없다.

시간이란 강을 이용할 수 있도록 당신에게 허용된 순간은 '오늘의 생활'이란 수레를 돌릴 때뿐이다. 한번 눈앞에서 흘러가 버리면, 시간이라는 강은 다시는 되돌아오지 않는 영원이라는 바다로 들어가게 된다.

물론 다음 기회도 있을 것이다. 뒤따라 흘러오는 또 다른 물결이 있을 것이다. 하지만 당신이 온전히 사용하지 못하고 흘려보낸 강물은 완전히 없어진 것이며, 다시금 당신 앞에 되돌아오지 않는다.

시간의 걸음걸이에는 세 가지가 있다. 미래는 주저하면서 다가오고, 현재는 화살처럼 날아가며, 과거는 영원히 정지해 있다는 것이다.
F. 실러

건강과 즐거움으로 얻는 행복

우리가 생활 속에서 무의식적으로 행하고 있는 무계획적인 습관만 바꿔도 우리네 인생은 훨씬 더 신선하고 활력이 넘칠 것이다.

자전거 타기는 큰 힘이 들지 않는 반면 효과는 아주 좋은 운동이다. 매주 2~4시간만 타도 체중 감소 효과를 볼 수 있다. 우리 의학계에 보고된 연구 결과에 따르면 매일 30분 이상 자전거를 타는 사람은 그렇지 않은 사람에 비해 당뇨병에 걸릴 확률이 현저하게 낮은 것으로 나타났다. 또한 규칙적으로 걷는 것만으로도 건강에 큰 도움이 된다. 걷기는 생활 속에서 얼마든지 할 수 있는 운동으로 한두 정거장 먼저 내려서 걷거나 가까운 거리를 걸어 다니는 것만으로도 충분하다. 걷기는 심장병과 심장질환의 위험을 낮추고, 관절염 예방에 좋으며, 불안과 근심을 줄여 주는 호르몬을 생산한다.

우리는 살아가면서 어떻게 즐거움을 느끼고 행복감에 젖느냐에 따라 심신이 상쾌하고 건강한 상태로 기가 충만한 생활을 할 수 있다. 한마디로 이런 생활 습관은 우리 몸의 면역력을 한층 높여 준다. 실제로 낙천적인 생각을 많이 할수록 동맥 관련 질환이 적다는 연구 결과도 있다. 취미생활을 즐기거나 애완동물을 키우는 것도 건강에 도움이 된다. 애완동물을 키우는 사람들은 이들을 보면서 웃고 즐기는 시간이 많아 육체적으로나 정신적으로 건강해진다.

무엇보다도 직장인들은 자기 앞에 놓인 스트레스를 어떻게 줄일 것인지를 진지하게 고민해야만 행복한 인생을 살 수가 있다. 전문가들은 스트레스를 줄이는 것이야말로 면역력을 높이는 데도 도움이 되고 삶에 활력을 준다고 진단한다. 야외에서 하는 스포츠를 취미생활로 즐긴다면, 햇빛이 주는 특혜까지 누릴 수 있다. 그밖에도 스트레스 해소에 가장 즉효약은 바로 웃음이다. 웃으면 면역체계가 강화되고 진통 효과를 얻을 뿐 아니라 체중 감소 효과도 있다.

건강하고 즐겁게 사는 것이 바로 행복한 삶이다. 이는 귀한 음식을 먹고 값비싼 물건을 소유한다고 해서 얻어지는 것이 아니다. 그저 순간순간을 즐길 수 있는 마음과 여유에 달려 있다. 바로 작은 실천에서부터 행복은 만들어지는 것이다.

시간은 가장 귀중한 보물이다

시간은 인간에게 주어진 무한한 선물 가운데 가장 경이로운 만물의 재료이다. 시간만 있다면 모든 것이 가능하며, 반대로 그것이 없다면 그 무엇도 불가능하다. 날마다 누구도 예외 없이 공평하게 시간이 주어진다는 사실을 생각하면 기적과도 같다.

자, 이제 당신의 손에는 '시간'이라는, 지구상에서 다른 누구도 손대지 않은 보물이 쥐어져 있다. 1분, 1초, 24시간의 연속된 순간으로 짜여진 이 귀중한 보물은 당신 인생의 식량이다.

모든 것은 시간이 있기에 비로소 가능하다. 행복도 마찬가지다. 내가 헛되이 보낸 오늘은 어제 죽은 이가 그토록 고대한 내일이었음을 기억하라.

시간은 기다리는 자에게 더디고, 두려워하는 자에게 너무 빠르며,
애통해하는 자에게는 너무 길고, 기뻐하는 자에게는 너무 짧다.
그러나 사랑하는 사람들에게, 시간은 영원하다.
MDRT 명사 강연록

# 과도한 열정을 조절하라

마음의 평정을 유지하기 위해서는 솟아오르는 과도한 열정을 적절히 조절해야 한다. 충동을 억제하고, 자신의 운명에 순응할 줄 알아야 한다. 가장 값진 승리는 자신과의 싸움에서 승리하는 것이다.

마음을 교란시키는 충동이 몰려오면 이성은 어느새 온데간데없어지고 논리적인 판단은 흐려진다.

합리적이지 못한 공격을 부채질하는 잠재적인 열정을 최소화한다면 당신에게 닥칠 실패를 슬기롭게 모면할 수 있을 것이다.

크게 되기 위해서 먼저 작게 시작하라.
B. 프랭클린

모든 지혜는 중용에 있다

고대의 한 철학자는 "모든 지혜는 중용에 있다."는 말을 남겼다.

아무리 아름다운 음악도 그것이 지나치면 소음으로 들리고, 어떠한 경우라도 지나친 탐닉은 종종 권태로 변질된다. 한때 짜릿했던 흥분도 그것이 너무 오래 계속되면 허탈감과 피로로 끝이 나게 된다.

무엇에나 지나치게 오랫동안 빠져 정신력을 소모한 사람은 스스로 자신 속에 갇히고 마는 것이다.

삶이 균형을 이루는 순간, 즉 욕망을 다스리며 중용의 자세를 유지할 때 얻게 되는 만족이 오랜 시간 변치 않는 진정한 행복이다. 오늘을 알맞게 즐기고 내일에 희망을 거는 것, 그것은 언제나 미래에 대한 기대를 하게 한다.

고통과 쾌락에 부대끼지 않는 사람, 항상 제자리를 지키는 사람,
그는 현명한 사람이며 영생을 살 준비가 된 사람이다.
간디, 『바가바드기타』

 무리한 소망은 금물이다

　여러 가지 소망 가운데서 개인이 얻을 수 있는 것이란 아주 작은 부분에 지나지 않는다. 그러나 재앙은 누구에게나 예외가 없다. 수도 없이 험난한 고비가 당신을 그냥 지나치지 않는다는 점을 언제나 명심하라.

　무언가를 소망할 때에는 분명한 한계를 긋고, 욕망을 억누르고, 노여움을 억제해야 한다. 절제와 인내를 생활의 원칙으로 지키지 않는다면, 비록 부유하고 권세가 있더라도 자기 몸의 비참함을 어떻게 할 도리가 없는 것이다.

원하는 것을 얻었을 때 조심하라. 살찐 돼지는 항상 운이 나쁘다.
해리스

미운 오리새끼가 되어라

미운 오리새끼는 결코 못생긴 것이 아니었다. 단지 조금 다르게 생겼을 뿐인데, 다른 오리들은 그 못생긴 오리새끼를 놀리고 괴롭힌다. 오리새끼는 그들과 헤어져 여기저기를 방황했고 어느 곳에서나 떠돌이 취급을 당했다. 봄이 되어 오리새끼는 호수에서 한 무리의 백조를 발견하고 그들에게 다가갔는데 의외로 그들은 오리새끼를 따뜻하게 맞아 주었다. 그제야 오리새끼는 자신이 아름다운 백조라는 것을 알게 된다.

사람들은 대부분 주위 사람들과 자신이 다르다고 느끼는 시간을 겪게 된다. 이런 시간들은 고통스럽고 외롭다. 그러나 그것이 당신에게 어떤 잘못이 있다는 것을 의미하지는 않는다.

그 못생긴 오리새끼처럼 당신도 사랑 받게 될 때가 올 것이다. 현재 당신이 느끼는 모든 고통과 외로움을 인내하며 다른 이들이 당신을 그대로 받아들여 줄 때를 기다려라. 그 순간이 오면, 당신의 노력은 진가를 발휘할 것이다.

자신의 내면이 환경보다 우월하다고 믿는 용감한 사람들만이
지금껏 위대한 업적을 세웠다.
브루스 바턴

현실에서 마음의 평안을 찾아라

온갖 참되고 건강한 즐거움을 맛보는 것은 인간에게 주어진 축복이다. 맨 처음 세상에 태어난 순간부터 지금까지 그런 즐거움을 맛볼 수 있었던 시기는 주로 마음이 평안할 때이다.

보리 이삭이 자라나는 것을 지켜보는 것, 밭에 나가 괭이나 호미로 노동을 하면서 가쁘게 숨을 몰아쉬는 것, 독서삼매경에 빠져드는 것, 사색에 잠기는 것, 누군가를 사랑하는 것, 또 그의 사랑을 갈구하는 것, 신께 기도 드리는 것……. 이 모두가 인간을 행복하게 하는 일들이다.

많은 사람들이 현실에서 존재하지 않는 이상적인 왕국을 찾아 헤매지만, 때로는 앞마당이나 텃밭에 참으로 무한한 영토가 건설되기도 하는 것이다.

이제 우리는 살기 위한 이유를 갖게 되었습니다.
배우고, 발견하고, 자유롭게 되는 것 말입니다.
리처드 바크

차 향기와 같은
인간관계

최근 우리 주변에는 값싸고 질 좋은 생활도자기들이 앞 다퉈 만들어져 일반인들의 차 생활이 한껏 품격 높은 취미가 되도록 도와주고 있다. 하지만 차 생활의 저변이 넓어지고 환경이 좋아지다 보니 지나치게 형식에 얽매여 다도를 즐기는 것 같아 안타까운 마음을 금할 수 없다. 본디 우리의 차 생활은, 그렇게 유난스럽거나 번잡한 것이 아니었다. 그런데 요즘 들어 찻잔이 기기괴괴한 것도 있고 차에 대한 이론도 분분하다 보니 질박하고 소담한 차 생활이 혼탁해지곤 한다.

맑은 물로 차 한 잔을 우려 번잡하지 않은 그릇에 담아 마실 수 있다면, 그릇의 형태, 크기, 색은 그다지 중요치 않을 것이다. 또한 취향에 따라 향기롭되 너무 진하지 않게 하면 좋다.

누군가의 깊은 마음을 알고 싶다면 초대하여 차를 대접해 보라. 이때 마시는 이에 따라 차를 내는 속도를 조절하여야 하며, 지나치게 강요하여 상대에게 부담을 주지 않는 것이 좋다. 그리고는 그동안 꺼내지 못했던 깊은 얘기나 오해할 수도 있었던 사정을 주고받는다면 좀 더 안정된 관계를 만들 수 있지 않을까.

차를 내는 방은 정갈하고 깨끗하면 될 것이며, 너무 인위적으로 꽃이나 그림, 글씨 등으로 치장하지 말고 평소 아끼는 도자기나 간소한 그림 정도만 있어도 충분하다.

격식에 구애 받지 않는 당신만의 안목과 문화적 취향으로 차 생활을 해 보라. 그리고 평소 가까워져 보고자 했던 이를 초대하라. 이 정도의 분위기만 되더라도 부드럽고 따뜻한 대화를 하기에는 부족함이 없다. 그동안 누리지 못한 여유와 평안을 얻고, 차 향기와도 같은 인간관계를 다질 수 있을 것이다.

미래를 내다보려면 지혜가 필요하다

　평범한 자와 지혜로운 자는 무엇보다도 일상생활에서 확연히 구분된다. 앞으로 일어날지 모르는 위험에 대하여 예측하거나 그 정도를 헤아리고자 할 때에 평범한 사람은 언제나 이미 일어난, 그와 유사한 사건을 돌아보고 짐작할 따름이다.

　그러나 현인은 "일년이 되도록 일어나지 않는 일이 이삼분 내로 일어난다."는 스페인 속담처럼 불시에 닥칠 앞날의 불행을 먼저 내다보는 지혜의 눈을 가지고 있다.

　일어나지 않은 일을 내다보려면 총명함이 필요하다. 그러나 이미 일어난 일을 되돌아보려면 감각만으로 족하다.

어떤 때이고 사람이 하지 않으면 안 될 일은,
가령 세계의 종말이 명백해진다 해도 오늘 사과나무를 심는 일이다.
C. V. 게오르규

희망과 경계를 동시에 품어라

모든 계획을 실천에 옮기기 전에는 심사숙고가 필요하다.

인간의 지혜는 언제나 불충분하기 때문에 도저히 예측할 수 없는 일들이 발생한다는 점을 염두에 두어야 한다. 따라서 저울의 한쪽에는 희망을, 한쪽에는 경계를 달아 놓아야 한다.

그러나 일단 결심을 굳히고 행동에 착수하면, 즉 일을 진행시켜 그 결과를 기다리는 마당에는 군이 지난 일을 다시 되돌아보거나 위험을 미리 예측하여 두려움에 떨 필요는 없다.

나무처럼 굳세고 풀처럼 부드러워져라.
이종오, 『후흑학』

 넘지 못할 장애물은 없다

    실패와 성공을 갈라놓은 선은 너무도 미묘하기 때문에, 가령 그것을 타고 넘어가도 눈치를 못 차리기도 한다. 몇 걸음만 더 내딛으면 정상이건만 고지를 코앞에 남겨 두고 포기해 버리는 사람이 너무나도 많다.

    오르막이 있으면 내리막도 있는 것이 인생의 진리이다. 바닷물이 쭉 빠질 때는 또다시 밀려들어 올 것이라는 전조이다. 실제로 전망이 가장 밝을 때가 더 어둡게 보이는 법이다.

    끝이라고 생각한 순간 조금만 힘을 내면, 조금만 더 밀어붙이면 찬란한 성공이 기다리고 있다. 성공에 대한 멈추지 않는 집념이 있는 한 실패란 있을 수 없다. 당신이 태어날 때부터 가지고 있는 나약한 마음 이외에는 넘지 못할 장애물이란 없다.

핸디캡이란 공정한 경쟁을 위해 예외적으로 뛰어난 이들에게 주어진 것이다.
MDRT 명사 강연록

 지금 행복한가

가끔씩은 옳은 일을 하는 게 쉽지만은 않을 것이다. 당신이 하고 싶어하는 일이 아닐 수도 있기 때문이다. 어떤 일을 하려고 할 때, 그것이 옳은지 그른지 어떻게 알 수 있을까. 예를 들면 밤늦도록 자지 않고 깨어 있을 수도 있고, 꼭 해야 할 일인데도 하지 않고 미루고 있을 수도 있다.

그것이 과연 옳은 일인지를 알려면 그 일을 마친 후에 당신의 느낌이 어떠한지를 생각해 보라. 행복한가? 아니면 마음속으로 이미 그 일이 잘못임을 알고 있어서 불편해지는가?

또한 당신은 유혹을 뿌리쳤을 때 어떤 기분이 드는가? 옳은 일을 했다는 사실에 기분이 좋아지지 않는가? 그만하면 자신에게 좋은 점수를 줄 만하다 여겨지지 않는가?

하고 난 일에 대해 자신이 없을 때는 당신의 느낌에 충실하라. 어떤 일을 해야 할지 말아야 할지 의심이 들 때도 당신의 마음이 그 결정을 내리는 데 도움을 줄 것이다.

옳은 일을 해 놓고 후회한 적이 있는가?
MDRT 명사 강연록

# 행운은 계획된 신의 선물이다

많은 이들이 행운을 우연히 찾아오는 것이라 믿는다. 그러나 행운도 인생이라는 게임의 규칙을 제대로 지킬 때 비로소 만날 수 있다. 그 행운을 얻는 데에도 역시 기술은 필요하다.

부지런한 사람에게 찾아오는 멋진 행운이란 결코 우연히 일어나는 것이 아니다. 종종 계산되고 예견된 것이다. 그러나 많은 사람들은 행운의 여신의 집 앞을 서성이는 것만으로 전부를 가지려 한다. 그런가 하면, 어떤 이는 열리지 않는 행운의 문을 세차게 두드리며 억지를 부리기도 한다.

율리우스 카이사르를 기억하라.

그는 자신의 가능성을 인정하는 사회에서 통찰력과 근면함으로 그 행운을 좇았을 뿐이다.

밖으로부터 찾아오는 행복은 바짝 마른 것처럼 가볍다.
유리우스 함마

목표 설정은 빠르고 분명하게 하라

하고자 하는 의지가 강한 사람은 목표가 뚜렷한 법이다. 분명한 목표가 없는 사람들이 나태하고 무계획적인 생활 습관을 가지기 쉽다. 아무런 계획 없이 일을 시작했다면 비록 그 일을 성취하였다고 하더라도 만족도까지 높아질 수는 없다.

먼저 일을 익히고, 당신의 능력을 최대한 발휘할 수 있는 영역을 확보한 다음에는 눈에 보이는 뚜렷한 목표를 설정하라. 그리고는 전력을 다해 정상으로 한발 한발 다가서면 되는 것이다.

성공의 대가들은 어린 시절부터 자신만의 단계적인 인생 계획표를 가지고 있다. 철저하게 계획을 세우고 그것을 끝까지 실천하는 것만이 성공의 샴페인을 터뜨릴 수 있는 방법임을 기억하라. 지금 당신의 목표는 무엇인가?

비전이 있는 사람은 문제가 생겨도 계속 전진하지만
몽상가는 가는 길이 힘들면 그만둔다.
존 맥스웰

하루의 피로를
푸는 법

우리 몸에 활력이 부족한 건 여러 가지 원인이 있을 수 있겠지만 대부분 과도한 스트레스와 업무로 인하여 피로가 쌓였을 때 몸이 자연스럽게 반응하지 않아서 생기는 신체 증상이다.

하루의 피로는 그날 푸는 것이 좋다. 쌓아 두면 만성피로증후군으로 발전되기 쉽다. 간단하게 그날의 피로를 푸는 방법을 알아보자.

아침에 가벼운 운동을 하라.

아침운동을 한다는 것은 남들보다 먼저 하루를 활기차게 시작한다는 의미이다. 아침운동은 건강에도 좋지만 운동할 때는 적어도 잡념만큼은 멀리 할 수 있기 때문에 하루의 생활을 활기차게 시작하는 데는 그보다 더 좋은 것이 없다.

또한 아침운동이 낮에는 활동하고 밤에는 잠을 자도록 생체 시계를 조절해 주기 때문에 밤에 운동하는 것보다 낫다는 연구 결과도 있다.

점심 식사 후에 10분 정도 산책하라.

점심을 먹은 후에 잠시 낮잠을 자는 사람이 있다. 낮에 잠을 자게 되면 오히려 저녁 수면에 방해가 된다. 그러므로 점심 식사를 하고 나서 10분 정도 밖에서 산책을 하는 것이 좋다. 산책을 하면 오전 중에 쌓였던 업무로 인한 긴장도 이완되고 이후의 업무에도 집중이 잘 되는 일석이조의 효과가 있다.

틈틈이 가벼운 스트레칭을 하라.

일에 장시간 집중하다 보면 몸이 경직되고, 뒷덜미가 뻐근함을 느낄 수가 있다. 이럴 때 틈틈이 가벼운 스트레칭을 해 주는 것이 좋다. 두 팔을 위로 뻗어서 뒤로 젖히거나 허리를 앞으로 뒤로 구부리는 스트레칭만 해도 한결 몸이 편해진다.

하루에 녹차를 3잔 정도 마셔라.

녹차를 마시면 차를 마시는 동안 마음의 긴장을 풀어 주며, 차의 유익한 성분들이 건강에 도움을 준다. 녹차는 피로를 느끼게 하는 젖산의 생성을 방지하고, 신체 활동의 활력소 역할을 하므로 피로감을 없애 주고 원기를 회복시켜 준다. 하루에 아침, 점심, 저녁으로 3잔 정도 마시면 좋다.

자기 전에 몸을 지압으로 풀어 주고, 샤워나 목욕을 하라.

육체노동을 하는 사람과 정신노동을 하는 사람은 신체의 경직된 부분이 다를 수 있다. 각자 자신의 몸에서 경직된 곳을 찾아 지압이나 안마로 풀어 주는 것이 좋다. 자기 전에는 가볍게 샤워를 하거나 반신욕, 족욕 정도로 피로를 푸는 것이 좋다.

일정한 시각에 자고 일어나는 습관을 들여라.

개인에 따라 차이가 있지만 장수에 가장 좋은 수면 시간은 하루 7시간 정도라고 한다. 일정한 시각에 자고 일정한 시각에 일어나는 것이 좋다. 그리고 자기 전에는 카페인이 든 음료는 마시지 말고 간식도 먹지 않는 것이 좋다.

꿈을 행동으로 옮겨라

어느 누구도 당신과 완전히 똑같지는 않다. 어느 누구도 당신이 원하는 것을 그대로 할 수는 없으며, 다른 사람에게 당신이 원하는 방식대로 하라고 강요하거나 참견할 수도 없다.

인간관계에서나 어떤 일에서나 각자 맡은 바가 다르지만 모두가 필요한 존재이다. 당신 자신만이 가진 능력에 대한 자신감을 잃지 않는다면 남들이 하는 일을 기웃거리며 보내는 시간은 한결 줄어들 것이다.

당신은 꿈과 갈망을 통해 당신이 할 수 있는 것을 보여 줄 수 있다. 그 꿈을 행동으로 옮기는 용기를 갖는 것 또한 당신 자신에게 달려 있다. 꿈을 이루고자 하는 용기를 가지고 하루하루를 성실히 채워 나간다면 계획했던 것을 이룰 수 있다.

일을 하며, 우리는 지상의 가장 심오한 꿈의 일부를 성취한다.
그 꿈이 생겨났을 때 우리에게 할당된 부분을.
칼릴 지브란

# 모든 순간이 소중한 인생이다

당신은 이미 알고 있다, 인생이 희극과 비극의 상반된 장면으로 채워진다는 것을.

오늘을 살아가는 당신은 행복과 불행의 양극단에 놓여 있다. 행복에 이르는 천국과 악에 이르는 지옥, 바로 그 선과 악 사이의 운명에서 쉼 없이 흔들리는 것, 그것이 인생이다. 이 변덕스러운 운명을 피할 수 있는 이는 아무도 없다.

어떤 이의 운명이 선한지, 악한지는 그 사람의 삶을 통해서만 말하여진다. 수많은 갈림길 위에서 방황하고 있는 당신의 운명은 한순간의 선택에 의해 결정된다.

하지만 명심하라. 행복이든 불행이든 모든 순간이, 모든 상황이 당신의 소중한 인생이다.

여름이 뜨거워서 매미가 우는 것이 아니라
매미가 울어서 여름이 뜨거운 것이다.
안도현 시인

진정한 성공은 내면에서 이루어진다

인간의 삶에 있어서 참된 성공이란 내면적인 성공을 이룬 것을 가리킨다. 내면적인 성공은 인간적으로 높은 완성을 이루었거나, 현실적인 이득과 상관없이 그 나름의 실력을 갖춘 사람들에게 오는 것이다.

많은 돈을 벌거나 높은 지위에 오르는 것과 같은 외형적인 성공에 치우치면 그 이외의 것들에 대한 번민에 시달리거나 허탈감에 빠지는 경우가 생긴다. 또 그로 인해 어렵게 이룬 성공을 순식간에 잃어버리는 일도 있다.

내면적인 성공이 따르지 않는 외형적인 성공은 수많은 위험이 따른다. 곧 무너질지도 모르는 집을 짓는 것처럼 어리석은 일도 없다. 내면적인 성숙함을 먼저 이룬 뒤에 모두들 말하는 성공한 사람이 되는 것이 바람직한 일이다.

진정 무엇인가를 발견하는 여행은 새로운 풍경을 바라보는 것이 아니라,
새로운 눈을 가지는 데 있다.
마르셀 프루스트

2장 | 실천에 필요한 배려

카네기의
사람 다루는 기술

시작을 위한 5분

"여기 자신보다 현명한 인물들을 주변에 끌어 모으는 방법을 알고 있던 사람이 묻혔노라."

이는 세계적인 강철왕 카네기 스스로가 만든 자신의 묘비명이다.

스스로 인정했듯이 카네기는 사람 다루는 방법을 알고 있었고, 그것을 이용하여 뛰어난 인재들을 가까이하여 성공한 사람이라고 평가된다.

강철왕이라 불리지만 정작 강철에 대해서는 별다른 지식이 없는 대신 그의 주변에는 그보다 훨씬 많은 강철 지식을 가지고 있는 수백 명의 사람들이 존재했던 것이다.

그렇다면 그는 어떻게 사람을 끌어 모으고 이끌어 나갔을까? 그의 사람 다루는 기술 중 하나를 알아보자.

그는 일찍이 사람의 이름이 지닌 힘을 알고 있었다.

카네기가 어렸을 때의 일이다. 토끼 한 마리를 기르고 있던 카네기는 토끼가 새끼들을 낳게 되자, 우리를 한가득 채운 토끼들에게 줄 먹이를 어떻게 충당할 것인가 고심하다 묘안을 짜내기에 이르렀다.

그는 동네 아이들에게 토끼 먹이를 많이 가져오는 아이의 이름을 새로 태어난 새끼 토끼에게 붙여 주겠다고 했다. 그의 묘안은 적중했고, 아이들은 자신의 이름이 붙은 새끼들에게 애착을 보이며 먹이를 계속 갖다 줌과 동시에 정성껏 돌봐 주었다.

이 일을 카네기는 어른이 되어서도 잊지 않았다. 그는 성공한 후에도 거래처 사장은 물론 직원들의 이름까지 기억하고 존중해 주었으며, 친구와 자신을 위해 일하는 수많은 노동자의 이름도 잊지 않았다고 한다.

이런 이유에서일까? 그가 기업을 맡고 있는 동안 회사에는 단 한 번의 파업도 일어나지 않았다.

카네기는 지위의 높고 낮음을 떠나 이름을 기억해 주는 것으로 그들을 존중했고, 사람들은 그런 카네기를 존경했던 것이다.

이름을 기억해 주면 사람들은 스스로 깊은 인상을 남겼거나 의미 있는 존재라 느낄 것이고, 이는 그 어떤 대가보다 큰 의미가 된다.

영혼의 눈을 가져라

어떤 소녀는 자신의 할아버지에 대해 이렇게 말했다.

"할아버지는 내가 가진 장점을 알아준 유일한 사람이었어요."

소녀는 할아버지를 기쁘게 해 드리고 자신에 대해 가지고 있는 할아버지의 믿음을 잃지 않기 위해 노력했다고 한다. 할아버지의 믿음이 소녀로 하여금 인생에서 최선을 다하게 해 준 것이다.

이 할아버지처럼 다른 사람의 장점을 찾아내고 그것을 인정해 줄 수 있는 영혼의 눈을 가진다면 그들 역시 당신에게 믿음을 되돌려 줄 것이다.

사랑은 빌린 자와 빌려 준 자 모두에게 이익을 나누어 주는 유일한 것이다.
MDRT 명사 강연록

 다른 사람이 가진 고유함을 인정하라

　사람들은 흔히 자신과 아주 비슷한 친구만을 찾고, 자신과 다른 친구는 피하려는 경향이 있다. 이러한 편협함은 누군가와의 만남을 통해 누릴 수 있는 즐거움을 감소시킨다. 그뿐 아니라 당신 자신이나 다른 사람에게도 바람직한 일이 못 된다. 모든 사람은 낱개의 퍼즐 조각처럼 나름의 고유함을 가지고 있다. 전체적인 그림을 위해서는 모두가 다 필요하다.

　당신만의 고유함에서 벗어나 다른 사람을 더 잘 이해하게 되었을 때 당신은 경계를 넓히고 성장할 수 있게 되는 것이다.

인간에게 가장 필요한 능력은 친구를 만드는 능력이다.
즉, 상대방이 가진 최대의 장점을 찾아낼 수 있는 능력이다.
데일 카네기

한여름의 모래 더미는 뜨거운 태양 아래 온통 뜨거운 듯이 보인다. 그러나 그 속임수에 속지 않고 깊이 파고 들어가면 축축하고 시원해짐을 느낄 수 있다.

상대방의 진심을 보이는 그대로만 믿어서는 안 된다. 상황이 겉보기에는 뜨거운 모래 더미처럼 불편할지라도 안으로 깊이 파고들어 가보라.

그 사람의 본연의 모습과 함께 당신은 진정한 친구를 얻을 수 있다.

그러나 그렇게 되기 위해서는 신뢰와 그 사람에 대한 정보, 그리고 충분한 시간이 필요하다는 사실을 잊어서는 안 된다.

훌륭한 세일즈맨은 프레젠테이션을 잘하는 사람이 아니라,
적절한 질문을 잘하는 사람이다.
MDRT 명사 강연록

 고통까지도 함께 나누어라

무엇인가를 타인과 함께 나누는 것은 참으로 매력적인 일이다. 나누는 것이 쉬워 보일 수도 있으나 그것은 관대한 마음이 있어야 가능한 일이고, 관대한 마음이란 그저 생겨나는 것이 아니다. 다른 사람들을 배려하는 지속적인 마음으로 노력해야 주위 사람들로부터 존경받을 만한 관대함이 생긴다.

다른 사람과 나누는 것에는 여러 가지가 있다. 돈이나 물질적인 것도 있고, 아프거나 불행한 사람들에게 경험이나 희망을 나누어 주는 것도 있다. 고통을 겪고 있는 사람들에게는 함께 괴로워함으로써 그들이 고통에서 회복될 수 있게 도울 수 있다.

무엇이든지 함께 나누며 살아간다면 뜻하지 않는 도움을 되돌려 받게 될 것이며, 그만큼 당신의 인생은 풍요로워질 것이다.

남들에게 받는 것으로 우리는 인생을 살아가고,
남들에게 주는 것으로 우리는 인생을 만들어 간다.
힌두교 격언

무지개는 태양만으로 만들 수 없다

태양은 에너지이다. 태양은 식물을 따뜻하게 해 주거나 태우기도 하고 먹이기도 한다. 그러므로 식물 없이는 살 수 없는 우리에게 태양은 엄청난 에너지로 작용한다. 그러나 그 위대한 힘에도 불구하고 태양은 혼자서 무지개를 만들 수 없다. 무지개를 만들기 위해서는 적당한 때에 적당한 각도에서 비를 필요로 한다.

아무리 강하고 똑똑하고 재능 있고 매력적이라 하더라도 오직 다른 사람을 통해 걸러 내야만 그 사람의 완전한 힘이 완성되는 것이다. 여러 사람이 모여 일하는 회사에서 이러한 법칙은 더 철저하게 적용된다. 여기에 가치를 두었을 때 대인 관계나 성취도는 높아질 수밖에 없다. 무언가를 이루어 낸 성취감으로 파생되는 여러 사람의 에너지는 더욱 긍정적인 효과를 가져오게 된다.

무지개를 만드는 데 비가 하는 역할처럼, 다른 사람들의 기여는 당신이 성취한 것에서 분리되지 않으며, 당신이 이룬 성공의 가치를 높여 최고의 빛을 발하도록 해 줄 것이다.

무지개가 뜨려면 햇살뿐 아니라 궂은비도 있어야 한다.
MDRT 명사 강연록

자신의 결점을 사랑하라

많은 사람들이 웃는 것을 두려워한다. 특히 실수를 했을 때는 더욱 그렇다. 사람들은 자신이 완벽해야 한다고 생각한다. 그리고 자신의 실수를 용납하지 않으려 한다.

당신은 기계로 구멍을 뚫어 놓은 거푸집이 아니다. 당신은 온갖 멋진 결점들을 가지고 있는 인간이다. 당신의 삶을 즐겁고 놀라운 것으로 만들어 주는 것이 바로 그런 결함이다. 우연히 의자에 부딪히거나 스웨터가 문손잡이에 걸리게 될 때를 누가 알 수 있겠는가. 남의 눈을 피할 필요도 없다. 그런 일은 많은 사람들에게서 일어난다.

당신이 어떤 실수를 하였든 웃는 것을 두려워하지 마라. 그것이 바로 당신 자신을 북돋아 주는 길이며 당신의 결점까지도 사랑하는 방법이다.

'인류에 대한 사랑' 이란 말은 자기가 마음속에서 만들어 낸 인류에 대한, 즉 스스로에 대한 사랑을 말하는 것이다.
F. M. 도스토예프스키

시작을 위한 5분

진정한 인간관계를
여물게 하는 배려

사람은 항상 무언가를 생각하면서 이를 실천에 옮긴다. 사람이 하는 생각은 과연 어디에서 비롯된 것일까? 바로 마음이 생겨나서 사람들을 생각하게 만든다. 그 마음에 어떤 것이 담겨 있느냐에 따라 위대한 사고로 발전하기도 하고 평범한 사고에 그치게도 한다. 그중에서 요즘 직장인에게 각광받고 있는 마음 씀이 바로 따뜻한 카리스마이다. 따뜻한 카리스마는 자기 존중과 긍정적인 자기 인식을 통해서 갖게 되는 타인에 대한 따사로운 마음 씀이다. 이 마음 씀은 무엇보다도 자기에 대한 무한한 사랑을 바탕으로 한 타인에 대한 배려의 마음이다.

물리학자들은 태양이 햇빛을 만들어 비출 수 있는 에너지는 태양 안에 1,500만℃로 끓는 핵이 있기 때문이라고 한다. 마찬가지로 마음에 따뜻한 카리스마가 자리 잡으려면 당신 안에 타인에 대한 배려와 친절, 존중이 끓어 넘쳐야만 가능한 일이다. 무엇보다도 따뜻한 카리스마를 가능케 하는 가장 큰 원동력은 친절이다. 친절에는 상대방에 대한 존중과 배려, 그리고 자기 겸손이 담겨 있다. 친절의 가장 손쉬운 실천은 상대방에게 먼저 인사를 건네는 것이다. 먼저 인사를 건네며 자신을 존중하고 배려하는 겸손한 사람을 마다할 이는 없다. 하지만 친절도 지나치면 안 하느니만 못하다. 세상사 모든 일에는 이렇게 균형과 중용이 필요하다. 너무 과하면 흔해져서 귀중함을 모르듯, 희소성을 지켜야 한다. 상대방을 판단하고 그에 걸맞는 모습을 보여 주는 것이다.

따뜻한 카리스마의 절정은 상대방에게 보내는 미소이다. 웃음보다 좀 더 그윽하고 품격 있는 표정인 미소는 입술 끝이 아주 조금 올라갈 뿐이지만, 상대방에게는 많은 것을 전한다. 미소는 편안함을 주고 긍정적인 이미지를 심어 준다. 자신이 가진 것을 나누는 기쁨도 놓쳐서는 안 된다. 기부는 타인에 대한 측은지심에서 비롯한 것이지만, 기부를 하는 사람에게도 큰 보람과 기쁨을 준다.

따뜻한 카리스마는 상대로 하여금 나를 존중케 하고, 믿고 따를 만한 믿음이 느껴지게 한다. 한여름을 뜨겁게 달구는 태양빛이 있어야 가을의 곡식과 과실이 탐스럽게 익어 가듯이 타인을 향한 따뜻한 카리스마가 있어야 이 세상이 넉넉하게 여물어 가는 것이다. 따뜻한 카리스마는 진정한 인간관계를 여물게 하는 가을 녘 따사로운 햇살과 같은 고마운 배려이다.

당신만의 방식으로 삶을 살아라

숲속에 사는 사슴과 다람쥐와 올빼미가 모두 똑같이 정오에 잠을 자야 한다면 숲에는 무슨 일이 일어날까? 혹은 모든 새들이 일렬로만 난다면 하늘은 어떻게 될까? 모든 물고기들이 떼 지어 다녀야 한다면 바다는 어떻게 될까?

살아가면서 사람들은 느리기도 하고 빠르기도 하며, 영리하기도 하고 바보 같을 때도 있다. 사람들은 대개 다른 사람들이 갔던 길을 따라 같은 길로 간다. 그러나 '이상한 사람'으로 여겨지지 않기 위해 다른 사람들이 하는 대로 따라할 필요는 없다. 만일 모든 사람들이 똑같다면 삶이 얼마나 무미건조하겠는가. 누구나 자신만의 방식이 있고 자신만의 시대가 있으며, 자신이 발견하고 따를 자신만의 법칙이 있는 것이다.

그대의 길을 가라. 남들이 무엇이라 하든지 내버려두어라.
A. 단테

# 진실한 모습을 보여라

주변 사람들에게 당신이 줄 수 있는 가장 귀중한 선물은 바로 정직이다. 그러나 종종 당신은 진정한 모습을 상대방이 받아들여 주지 않을까 두려워 본모습을 숨길 때가 있을 것이다.

당신이 너무 많은 것을 숨기고 거짓된 이미지만 보여 준다면, 어느 것이 진실이고 어느 것이 거짓인지 잊어버릴 수가 있다. 본래의 자신을 잃고 배우라도 된 듯 누군가를 기쁘게 해 주려 할 것이다. 그것은 당신 자신은 물론 주변 사람들마저 진정한 행복으로부터 멀어지게 한다.

다른 사람들이 당신의 진정한 모습을 볼까 두려워하는 마음을 다스릴 수 있다면 당신은 당신 자신의 본모습을 정직하게 볼 수 있을 것이다. 다른 사람들에게 당신을 있는 그대로 받아들이게 만들었을 때 당신도 자신을 인정하고 사랑할 수 있는 것이다. 진정한 자신을 알아 가는 것은 가치 있는 한 인간을 만들어 가는 것과 같다.

남에 대한 거짓은 대체로 즉흥적이고 허영심의 만족에 불과한 것일 수도 있다. 그러나 자신에 대한 거짓은 항상 진리에 대한 배반이며 인생의 요구에 대한 배반이다.
L. N. 톨스토이

믿음은 인생을 의미 있는 것으로 만든다

재봉사는 커다란 천 조각을 크기에 맞게 자른다. 그리고 바늘과 실, 단추의 도움으로 재봉하여 완성된 옷을 만들어 낸다. 처음 시작할 때는 완성된 작품을 상상하기 어려울 수도 있다. 하지만 재봉사는 가능하다는 믿음으로 일을 계속 진행한다.

믿음은 재봉사와 같다. 믿음을 통해 완성되지 않은 인생의 조각들을 질서 정연한 것으로 만들 수 있다. 믿음은 인생이 뭔가 뜻이 통하지 않는 것처럼 보일 때에도 당신이 하는 일이 옳다는 것을 알게 해 준다.

당신은 당신의 재주와 꿈에 대한 신념이 필요하며, 그 믿음은 심지어 마음의 병도 바느질을 하듯 수선해 줄 수 있다. 나아가 당신을 아름답고 쓸모 있는 모습으로 만들어 줄 것이다.

믿음은 아직 어둠이 짙을 때 여명을 느끼고 노래하는 새와 같다.
라빈드라나드 타고르

 과장된 명성은 번뇌를 일으킨다

오로지 세상 사람들의 찬양만으로 쌓아 올린 높은 명성은 아무런 가치도 없는 것이다. 이것은 허위의 명성, 사들인 명성과도 같다.

과대 포장된 허세를 되씹는 꼭두각시와 같은 이러한 명성은 그 사람을 높여 주기는커녕 오히려 불안과 번뇌를 불러일으킬 뿐이다.

자부심과 자존심을 가진 자는 이러한 허위의 명성을 탐하지 않는다. 그들조차도 이러한 명성 앞에서는 때때로 정신적인 현기증을 일으키는 법이다.

부유함은 바닷물과 같다. 마시면 마실수록 목마르다.
명성에 대해서도 들어맞는 말이다.
A. 쇼펜하우어, 『행복을 위한 경구』

가까운 사람부터 도와라

　마음이 착한 사람은 곤경에 처한 사람을 만났을 때 친절을 베풀지 않고는 못 배긴다. 그들은 남을 도울 때 느끼게 되는 무한한 즐거움을 이미 알고 있기 때문이다. 이러한 즐거움이 쌓이면 큰 보람이 된다. 이런 가슴 뛰는 기쁨이 또 어디 있을까.

　행복해지고 싶다면 잠시만 가슴에 손을 얹고 떠올려 보라. 그러면 참된 즐거움과 보람은 그리 멀리 있는 것이 아니라, 발밑에서 돋아나는 잡초나 아침 햇살에 빛나는 이슬과 같이 당신 주변에 무수히 널려 있다는 걸 깨닫게 될 것이다.

친절, 조언, 격려처럼 비용이 들지 않는 것을 베푸는 데 인색하지 마라.
B. 프랭클린

만족하는 사람만이 자기 삶의 진정한 주인이다

　품성이 본래 착하고 깨끗한 사람의 마음에는, 두려움이나 타락, 쾌락과 같은 한 치의 오점도 존재하지 않는다. 무대에 나갈 차례가 다 되어서야 당황하며 준비를 시작하는 배우와는 달리, 이러한 사람들은 언제 어느 때 죽음이 찾아와도 당황하지 않는 법이다.

　그들은 뒷걸음질 치며 피하지도 않는다. 인생의 노예도 아니다. 자기 삶의 진정한 주인이며, 인간으로서의 의무에 무관심하지도 않다. 그러므로 죄에 해당되거나 부끄러워할 부분이 하나도 없다.

　그들은 하늘이 내려 준 자신의 분수에 만족하며 살아가는 사람이다. 모든 사람들에게 항상 친절하며, 스스로에게 올바르고 떳떳한 이들은 부러울 것이 없다.

작은 것에 만족하지 못하는 사람은 어떤 것에도 만족할 줄 모른다.
에피쿠로스, 「단편」

칭찬의 마법

세상에서 사람을 가장 고무시키고 최선의 길로 이끄는 방법은 무엇보다도 그 사람에 대한 감사와 격려의 마음일 것이다. 반대로 사람을 가장 비참하게 하고 최악의 상태로 만드는 것은 바로 그 사람을 비난하고 헐뜯는 마음이다. 따라서 세상을 따뜻하고 지혜롭게 사는 사람들은 절대로 남을 비난하지 않는다. 남을 비난하는 것은 바로 자신의 존재를 초라하게 만드는 일일 뿐만 아니라 자신을 후퇴시키는 어리석은 처세이기 때문이다.

따라서 지혜롭고 발전적인 삶을 살고 싶다면 오늘부터라도 부지런히 남을 칭찬하는 사람이 되어야 한다. 남을 부지런히 칭찬하다 보면 당신은 어느새 그 사람을 행복하게 해 주는 사람이 되어 있고, 그러다 보면 당신 자신마저도 행복한 삶을 살도록 자연스럽게 한 단계 발전할 수 있기 때문이다.

세계적인 시인 에머슨은 타인에 대해서 이렇게 노래했다.

"내가 만나는 모든 사람은 어떤 점에서는 나보다 훨씬 더 훌

류합니다."

이렇게 에머슨과 같이 타인을 위하고 존중하는 삶은 그만큼 행복하고 품격 높은 삶이 될 수밖에 없다. 만일 매사에 이기심을 갖고 타인을 대하는 사람이 있다면 그 사람은 결코 남에게 작은 행복을 줄 수가 없다. 이렇게 남에게 마음을 줄 수 없는 사람은 아무리 성공적으로 보일지라도 인생의 실패자일 수밖에 없다.

영국의 저술가이자 정치평론가였던 헨리 테일러 경은『정치가』란 책에서 칭찬의 마법에 대해서 이렇게 적어 놓고 있다.

어느 강의가 끝난 다음 곧바로 찬사의 박수를 보낸다면 강사는 그 박수를 하나의 일반적인 인사치레로 받아들일 것이다. 하지만 시간이 꽤 흐른 뒤에 그 강사에게 다가가서 그날 강의가 매우 감명 깊고 인상적이었다고 칭찬해 보라. 아마도 그 강사는 자신의 강의 내용보다는 당신이 자신을 칭찬해 주었다는 사실을 오래도록 기억하고 감사해할 것이다.

타인에 대한 배려와 칭찬은 아무리 지나쳐도 모자람이 없다. 다만 그 칭찬이 좀 더 효과적이고 감동적이려면 시간의 연출을 더하라. 칭찬의 효과는 더욱 더 강력해질 것이다.

 먼저 손 내밀어라

　자기 속내를 드러내는 데 익숙하지 않은 사람들이 있다.

　거리에서 아는 사람을 만나도 무뚝뚝하여 인사 한마디 건네지 않는 사람들, 누군가로부터 오랜 오해를 받으면서도 제대로 해명조차 하지 못하고 그대로 넘어가는 사람이 있다.

　상대방이 내일이라도 죽는다면 후회와 부끄러움으로 한탄하게 되리라는 것을 알면서도 먼저 다가설 마음이 생기지 않는 것이다.

　친구를 칭찬해 주고, 그의 의견에 공감하면서도 표현하지 못하고 속마음과는 반대로 친구의 마음을 괴롭히는 사람이 있다.

　만약 '인생은 짧다.' 는 명제를 갑자기 뼈저리게 깨달을 수만 있다면, 이러한 가슴의 '응어리' 는 즉시 풀린다.

　자, 즉시 나가서 우물쭈물하다가는 일평생 기회를 놓칠지도 모를 일을 행동에 옮기자.

친절은 사람들을 기쁘게 만들고 주위를 미소로 번지게 한다.
W. 어빙

상대방의 이름을 불러 주어라

잘 모르는 사람으로부터 호감을 사는 가장 손쉬운 방법은 상대방의 이름을 먼저 기억하고 불러 주는 것이다. 이것은 상대의 머릿속에 당신의 존재감을 강하게 새겨 넣어 당신의 중요성을 한층 끌어올려 준다.

당신이 기억 못하는 누군가가 당신의 이름을 먼저 알고 불러 주었을 때를 떠올려 보라. 미안함에 몸 둘 바를 모르며 당황하면서도 한편으로는 확실히 기분이 좋은 일이다. 어떤 경우에는 칭찬보다 훨씬 더 큰 파장을 일으키기도 한다.

명심하라. 여러 사람이 모인 가운데 당신을 돋보이게 하는 비결은 바로 상대방의 이름을 함부로 취급하지 않고 존중하는 데 있다.

친구를 얻는 유일한 방법은 먼저 친구가 되는 것이다.
에머슨

# 상대의 관심사를 이야기하라

상대방을 끌어들이는 최선의 방법은 상대방이 원하는 문제를 같이 이야기하고 그것에 대한 조언을 아끼지 않는 것이다. 만일 당신이 지금 당장 누군가의 마음을 움직여야 한다면 이 사실을 깊이 새겨 두어라.

성공의 비결이라는 것이 있다면, 그것은 상대방의 입장을 먼저 헤아리고 자신의 입장과 동등하게 고려하여 대처해 나가는 능력일 것이다.

신뢰의 가장 큰 난점은 쌓기는 어렵지만 깨지기는 무척 쉽다는 사실이다.
신뢰를 형성하려면 자신과 고객의 유사점을 강조해야 한다.
토머스 J. 왓슨 시니어

진심으로 칭찬하라

상대방을 당신 편으로 만들고 싶은가. 그렇다면 방법은 간단하다. 그가 원하는 것이 무엇인지를 정확히 파악하고 그것을 이룰 수 있다는 확신을 심어 줄 수 있도록 칭찬하라.

당신의 진심 어린 칭찬과 격려는 상대로 하여금 최선을 다해 목표를 이루고자 하는 강한 의욕을 갖게 하고, 실제 행동에도 막강한 영향력을 발휘한다. 이 법칙만큼은 어느 한 사람도 예외가 없는, 불변의 진리이다.

진심으로 칭찬하고 아낌없는 찬사를 보내라. 이것이 성공적인 인간관계의 핵심 비법이다.

남에게 해를 입히는 거짓말을 하지 마라. 항상 순수하고 정의로운 생각을 하라.
뭔가를 말할 때도, 항상 순수하고 정의로운 말을 하도록 하라.
B. 프랭클린

상대방의 말에 귀 기울여라

상대의 말에 긍정의 맞장구를 쳐 주는 것은 중요한 일이다. 이럴 때 상대의 기분은 좋아지기 마련인데, 이것은 당신이 자기를 인정해 주는 뜻으로 받아들이기 때문이다.

상대에 대해 적극적으로 공감하고 이해하는 노력을 하여야 한다. 그러한 자세 없이는 대화를 이어 갈 수 없다. 상대방을 배려하는 태도와 말이 사람을 움직인다.

사람들을 좀 더 사려 깊게 관찰하고 좀 더 적극적으로 대화하라.

누군가의 이야기를 들어 준다는 행위는
타인을 위로한다는 것 이상의 의미를 갖는다.
우리는 타인의 말을 들어 줌으로써 그를 최고의 상태에 이르게 할 수 있다.
피에르 쌍소, 『느리게 산다는 것의 의미』

타인을 절대적인 기준으로 삼지 마라

자신의 모든 행위에 대해서 다른 사람이 본보기가 될 수 있을지언정, 절대적인 기준으로 삼아서는 안 된다. 나와 남은 처해 있는 상황이나 환경, 사회적인 관계도 다를 뿐만 아니라 타고난 성품도 다르며, 행위의 성질과 의미도 동일하지 않다.

따라서 "두 사람이 같은 일을 하여도 그 의미와 결과는 결코 같을 수 없다."고 할 수 있다. 처세에 있어서 사리를 분명히 판단하는 동시에 어디까지나 자기의 본성에 따라 처신하는 것이 현명한 방법이다.

어느 분야에서건 독창성을 발휘하는 것은 으뜸가는 미덕이기도 하다.

남들이 말하고 행동하고 생각하는 것에 관심을 두지 마라.
스스로 정의롭고 순수하다고 믿는 것에만 관심을 쏟으면 많은 수고를 덜 수 있다.
마르쿠스 아우렐리우스

솔직한 모습과의 만남

미국의 초대 대통령이었던 토머스 제퍼슨은 후대 역사가들로부터 '남자 중의 남자' 라는 평가를 받는 풍운의 호남아였다. 미국 정치사에 있어서 그만큼 활력 넘치는 삶과 자신감으로 똘똘 뭉쳐진 정치 지도자도 별로 없었던 것이다. 그의 이러한 호방하고 활력이 넘치는 기질은 초기 미국 정책에도 그대로 반영돼 오늘날 세계에서 가장 활기찬 대통령제를 운영하는 나라로 자리 잡게 만든 원동력이 되기도 했다.

하지만 이처럼 남자답고 호쾌한 성격의 제퍼슨에게도 그를 의심케 하는 일면이 꽤 많았다. 가장 그답지 않은 결점은 바로 누군가 자신을 멸시하지나 않을까 하는 옹졸한 소심함이었다.

제퍼슨은 자신 있게 내놓은 제안이 누군가로부터 거절당하면 이를 못 참고 몹시 분개했다. 여기에 더해 그의 제안을 멸시하거나 조롱 받게 되면 뒤도 돌아보지 않고 그 사람을 향해 불같이 화를 내곤 했다.

이러한 그의 행동은 바로 지나치게 남성성을 지닌 남자에게서 흔히 볼 수 있는 치명적인 단점이기도 했다.

제퍼슨에게는 평생에 걸쳐 운명의 경쟁자처럼 그의 정적政敵으로 남았던 해밀턴이라는 정치인이 있었다. 제퍼슨은 어느 해에 해밀턴에게 정치적으로 쓴잔을 마시고는 워싱턴을 떠나 고향으로 낙향했던 적이 있다. 쓰라린 마음의 상처를 안고 제퍼슨은 모든 관계를 정리하고 고향으로 와서 신문 구독도 하지 않고 정치적인 일정을 모두 끊고 살았다. 정치를 다시 시작하기까지 제퍼슨은 무려 37개월을 은둔자로 살았다. 사람들은 이런 그의 행동을 보고 대 정치가치고는 너무나 옹졸한 것이 아닌가 하는 입방아를 찧기도 했다.

하지만 이런 제퍼슨의 모습은 사실 남에게 보여진 정치인의 한 단면에 불과했다. 사실 미국의 초창기 정치계는 몹시도 상대를 비난하고 정적을 만들고 자기편이 아니면 아무리 좋은 정책이라도 헐뜯기 마련이었다. 그러다보니 당연히 숨길 것은 숨기고, 가슴에 품은 뜻은 뜻대로 펼칠 시기를 저울질할 수밖에 없는 것이 당시의 미국 정가를 드나들던 정치인들의 모습이었다. 물론 그들과 다를 바 없는 제퍼슨의 옹졸하고 소심한 면 속에는 본질적으로 자유롭고 따뜻한 멋진 남자의 모습이 숨어 있었다.

훗날 공개된 제퍼슨의 편지를 통해 사람들은 그가 얼마나 인간적이고 순진하며 애정이 넘쳤던 진짜 남자였는지를 여실히 알 수 있었다. 그건 바로 그의 정적이면서도 가까운 친구였던 존 아담스에게 보낸 다음과 같은 편지를 통해서였다.

건강하게. 그리고 자네란 존재가 내게 얼마나 중요한지
를 명심해 주게.

단 몇 줄에 불과한 이 짤막한 편지 내용 속에 아담스를 향한 그
의 따뜻한 우정과 사랑의 마음이 한 자 한 자 절절이 배어남을 알 수
있다. 그가 한 나라를 이끌어 가는 대 정치가가 되기까지의 인간관
계는 위의 편지글에서 볼 수 있듯이 따스한 배려와 사랑의 마음이
었던 것이다.

사람을 멀리서, 보이는 대로만 판단해서는 안 된다. 정말 친하
고 싶은 사람이 있다면 그를 직접 보고 그와 진솔한 대화를 나누면
서 솔직한 그의 모습을 만나 봐야 한다. 가장 차가워 보이는 사람
이 가장 뜨거운 심장을 가진 사람일 수도 있으니까.

친한 친구는 당신을 비추는 거울이다

눈은 가장 가까이에 있는 눈썹을 헤아릴 수 없다. 인간도 티끌만한 타인의 결점에는 눈을 밝히지만, 정작 자신의 단점이나 불의에는 어둡기 마련이다.

사실상 가장 친한 친구는 나를 비추는 거울이다. 이 거울을 통해서 당신의 모든 부정, 결함, 나쁜 습관, 잘못을 적나라하게 볼 수 있다.

친구의 잘못을 비난하고 공격하는 것은 당신 자신을 질책하는 것과 마찬가지이다. 밖에 나타나는 친구의 모든 행동에 대하여 엄밀하고 냉혹한 비판을 마음속으로 삼켰을 때 당신은 간접적으로 당신 자신의 결함을 바로잡을 수 있다.

선량한 사람끼리라야 친구가 될 수 있다.
나쁜 사람은 선량한 사람과 친구가 될 수 없을 뿐 아니라
나쁜 사람과도 친구가 될 수 없다.
플라톤

당신이 먼저 좋은 친구가 되어라

우정은 일방적이기보다는 상호적일 때 보다 완성된 모습을 갖추게 된다. 우정은 어찌 되었든 당신 혼자서 독점하거나 소유할 수 있는 것이 아니다.

진정한 성공을 이루는 사람은 타인과의 교류를 좋아할 뿐 아니라 아주 중요하게 생각한다.

타인의 개성을 존중하고 장점 또한 기쁘게 받아들여라. 그리고 그들을 기꺼이 돕고 그들의 이익을 빼앗으려는 짓은 절대로 하지 말아야 한다. 그들을 지배하여 당신 마음대로 휘두르는 일도 없어야 한다. 그들의 재능이나 즐거움 때문에 괴로워하는 일도 없어야 한다.

좋은 친구는 당신 스스로 좋은 친구가 되려고 했을 때 생기는 법이다. 또한 좋은 친구를 얻는 것보다 당신이 누군가의 좋은 친구가 되는 일이 더한 기쁨을 준다는 것을 잊지 마라.

친구를 위해 내가 할 수 있는 일은 그의 친구가 되어 주는 것이다.
그가 나의 사랑을 알고 기뻐한다면 나는 그것으로 만족한다.
H. D. 소로

 ## 스스로 자랑하지 마라

　비록 그럴만한 이유가 있더라도 당신이 당신 입을 통해 자기 자랑을 내뱉는 것은 어리석은 짓이다. 인간이란 허영심으로 가득 찬 존재이기 때문에 누구든 타인의 진면목을 알아차리는 데 결코 호의적이지 않다.

　당신이 조금이라도 당신 자신을 치켜세우면, 많은 사람들은 그것을 곧 허영의 소치로 간주하고 자화자찬이라고 폄하할 것이다.

바보의 심장은 웃고 떠드는 입에 있지만
현명한 사람의 입은 그의 심장에 있다.
B. 프랭클린

자만감은 능력을 가린다

당신이 남보다 뛰어난 점이 있더라도 그것에 절대적으로 의지하지는 마라. 반대로 당신이 남보다 못하다고 해서 걱정할 필요도 없다.

모든 분야에서 남보다 나은 사람은 없다. 따라서 누구든 자신이 남보다 뛰어나다고 생각하는 것은 그 자신을 고립시키거나 발전하는 것을 방해할 수도 있는 것이다.

남보다 못하다는 열등의식으로 남을 시기하거나 의욕 상실에 빠져서도 안 되지만 자만심은 더욱 경계해야 할 감정이다.

자만감은 당신의 능력을 가리는 장막과 같은 것이기 때문이다.

자신을 있는 그대로 받아들이는 데서 만족을 얻어라.
그것이 바로 가장 큰 자산이다. 인내심을 갖고 꾸준히 일하는 것이
더 큰 힘을 모으는 길이다.
V. 매클러

 좋고 싫음을 성급하게 판단하지 마라

사람이든 사물이든, 너무 쉽게 좋아하고 미워하는 것은 결국 자신을 기만하는 행위이다. 사람의 마음이란 바람에 흔들리는 갈대와 같아서 아침과 저녁으로 변하는 것이 인지상정이다. 서서히 신뢰를 쌓아 가고 서서히 불신을 만들어 가는 것이 올바른 방법이다.

그러나 이와는 반대로 아무것도 믿지 못하는 사람이 있다. 오로지 자기 자신만을 신뢰하고, 이미 다른 사람이 경험하여 증명된 사실조차도 무조건 믿지 않으려는 사람, 그는 곧 다른 사람들로부터 불신을 받게 마련이다.

성급한 판단에는 후회가 따른다는 것을 명심하라. 한쪽의 이야기를 들어도 다른 쪽의 이야기를 들을 때까지 결정을 유보하는 지혜가 있어야 한다.

천천히 마음을 주어라. 그 신중함이 당신에게 큰 이득을 가져다줄 것이다.

다른 사람들을 이해하기 위해서는
진지하게 경청하고 자신의 판단을 유보해야 한다.
이것은 신뢰가 필요하고, 동시에 신뢰를 쌓는 과정이다.
메리 필드 베렝키

반대할 기회를 주어라

사람들은 사물을 다른 눈으로 보기 마련이다. 모두가 서로 다른 관점을 가지고 있다는 것은 인간들이 가지고 있는 놀랄 만큼 다양한 모습 중의 한 가지이다.

가까스로 살아남은 야구 선수가 심판과 논쟁을 벌이고 있는 것을 본 적이 있는가? 선수들은 아무리 불만스럽더라도 심판의 판단을 받아들이지 않을 수 없다. 그래야 경기를 계속할 것 아닌가.

사람들의 관계도 마찬가지이다. 친구나 가족 중 누군가의 의견에 공감하지 못한다고 해서 그들의 의견을 막아선다면 당신은 그 친구를 잃거나 가족을 이해할 기회를 잃어버리기 쉽다. 다른 사람이 당신의 의견에 반대하는 것을 받아들여야 한다. 그것은 당신이 다양한 사람들의 생각과 행동을 읽을 수 있는 능력을 기르는 데 바탕이 되어 줄 것이다.

위대한 정신은 항상 저열한 정신들로부터 격렬한 반대를 받는다.
A. 아인슈타인

사람을 좋아하는 사람이 되어라

사람을 좋아하는 사람은 사람들의 심리를 잘 파악한다. 그리고 사람의 마음을 조종하는 데 능숙하다. 본질적으로 사람을 좋아하기 때문에 생겨난 능력이다.

근본적으로 사람을 사랑하지 않으면서 사람을 움직일 수는 없다. 또한 사람들로부터 존경과 신뢰를 얻지 못하면 다른 사람을 움직일 만한 힘이 있을 수 없다.

누구나 사회적으로 성공하려면 주위 사람들의 적극적인 후원이 필요하다. 아무리 머리가 좋은 사람도 인간관계가 원만하지 못하면 결국은 경쟁에서 밀려나기 마련이다.

성공하는 사람은 항상 자신을 지지하고 후원하는 협력자에 의해 생겨난다는 사실을 잊어서는 안 된다.

젊은 사람에게는 부드럽게, 노인에게는 따뜻한 마음으로,
노력하는 사람은 인정해 주고,
나약하거나 잘못된 길로 빠진 사람은 참을성 있게 도와주어라.
때에 따라서 나 자신이 이 모든 상황에 처할 수 있기 때문이다.
L. 시어

# 감동할 줄 아는 마음의 여유를 길러라

사람의 감정은 성별이나 나이의 차이에 따라 또는 취향이나 성격에 따라 달라진다. 그러나 중요한 것은 개인적인 차이와 상관없이 감동하는 마음 그 자체를 잃어서는 안 된다는 것이다.

성공을 꿈꾸는 사람일수록 감동의 느낌에 민감해야 한다. 단지 일만 열심히 할 것이 아니라, 모든 보고 듣는 것에 대하여 감동할 줄 아는 마음의 여유를 기르는 것이 좋다. 당신이 마주치는 것에 아무런 감동도 느끼지 못한다면 크게 성장할 수 없다.

늘 무엇인가에 감동하고 배우다 보면 삶에 대한 감사의 마음과 새로운 용기가 생기는 것이다.

감동이 없는 맹목적인 성공은 추구하는 사람도 고통스럽게 만든다. 감동하는 마음을 가지고 일에 몰두할 때 비로소 당신의 능력을 뛰어넘는 큰일도 할 수 있는 것이다.

살아 있는 모든 것은 성스러운 것, 삶은 그 자체만으로도 기쁨에 충만하다.
W. 블레이크

3장 | 성공을 만드는 능력

먼저 행동하는 자의 행운

어느 날 미국의 한 신문에 믿기 어려운 광고가 실렸다. 우리 돈으로 몇 천만 원이 넘는 자동차를 단돈 1달러에 판다는 광고가 실린 것이다.

이 광고를 본 제임스는 맨 처음 그날이 만우절인지를 의심하는 듯 달력을 살펴보았다. 그러나 만우절은 이미 몇 달 전에 지나갔다는 것을 제임스도 알고 있었다.

제임스는 한참을 망설이다 반신반의하면서도 혹시나 하는 마음에 1달러를 가지고 광고에 나와 있는 주소로 찾아갔다.

그러자 젊은 여자가 나와 정말로 비싼 승용차를 가리키며 말했다.

"이것이 당신이 살 차입니다."

제임스는 믿기 어려웠다.

'혹시 고장난 차가 아닐까?'

이런 생각이 든 제임스는 차를 몰아 봐도 괜찮겠냐고 물어보았다. 그러자 젊은 여자는 그러라고 대답했다.

한 시간 가까이 차를 운전해 봐도 이상이 없고, 서류를 보니 훔친 차도 아니어서 더 이상 망설일 이유가 없어진 제임스는 1달러를 건네주고 차를 인계 받았다.

제임스는 너무나 터무니없는 가격에 고급 차를 구입하여 기쁘기는 하였지만, 그 사연이 하도 궁금하여 젊은 여자에게 물어보았다.

사연인즉, 그 차는 젊은 여자의 남편이 죽으면서 자기의 애인한테 남긴 물건인데, 유서에 의하면 그 차를 판 돈을 남편의 애인에게 넘겨주게 되어 있었던 것이다. 그런데 젊은 여자는 1달러에 그 비싼 차를 팔아 남편의 애인에게 주려 했던 것이다.

1달러를 받게 될 죽은 남편의 애인은 과연 어떤 표정을 지을까?

제임스는 젊은 여자의 기지에 웃음을 참을 수 없었다.

나중에 제임스에게 이 이야기를 들은 그의 친구와 주변 사람들은, 자신들도 일주일 전에 그 광고를 봤지만 누군가의 장난인 줄 알고 그냥 지나쳐 버렸다는 것이다. 많은 사람들이 이 광고를 봤지만 행운을 잡은 것은 제임스뿐이었던 것이다.

기적이란 믿는 자에게 나타나기 마련이며, 행운이란 이름의 기적은 먼저 행동하는 자의 손에 쥐어지는 것이다.

여유 있는 출발을 하라

　마음먹은 순간, 즉각 행동으로 옮기는 사람이 되어라. 여유 있는 출발을 함으로써 남들보다 유리한 행로를 점령할 수 있다.

　그러기 위해서는 우선 타인의 믿음을 얻을 수 있을 만큼 기민함을 길러야 한다.

　다른 사람들이 멈춰 선 지점에서부터 다시 시작하라. 그리하여 그것을 완성하는 사람이 진정한 승리자인 것이다. 위대한 지도자는 결코 오늘의 일을 내일로 미루어 그만두는 법이 없다.

　구차한 염려는 접어 두고 바로 지금, 실천에 나서라.

하루는 작은 일생이다. 아침에 잠에서 깨어 일어나는 것이 탄생이요,
상쾌한 아침은 짧은 청년기를 맞는 것과 같다.
그러다가 저녁, 잠자리에 누울 때는
인생의 황혼기를 맞는 것과 같다는 사실을 알아야 한다.
A. 쇼펜하우어

선택 능력을 키워라

　사람들은 자신들만의 유일한 삶을 살고 있으며, 선택 또한 자신의 경험에 따르고 있다. 따라서 모두 다른 선택을 하는 것은 당연한 일이다. 누군가는 정부에 대항하여 시위하다가 감옥에 가기도 하고, 누군가는 묵묵히 자신의 일에 전념하는 길을 선택하기도 한다. 각자가 선택한 방법은 다르지만 목표는 같다고 할 수 있다.

　다른 사람의 선택에 비록 동의할 수는 없을지라도 그 선택을 존중해 주어야 한다. 주위 사람들 중 누군가 이상한 스타일의 옷을 입는다거나 당신이 싫어하는 음악을 좋아한다고 하더라도 나름의 선택임을 이해해 주어야 하는 것이다.

　상대에게 당신의 선택을 강요하지 말고 상대방이 자신에게 맞는 선택을 하도록 믿음과 자유를 주어야 한다. 그러다 보면 적합한 것을 선택하는 당신의 능력도 커지기 마련이다.

당신 자신을 믿어라. 그러면 다른 사람이 당신을 배반하지 않을 것이다.
B. 프랭클린

위기를 극복하는 힘을 길러라

살아가는 동안 누구나 위기를 겪게 마련이다. 가끔은 극복할 수 없을 것처럼 보이는 사건들이 발생하기도 한다. 그렇다고 포기해서는 안 된다.

극복할 수 있다는 믿음만 버리지 않는다면 이러한 장애는 당신을 더욱 강하게 만들어 줄 뿐이다.

당신은 가끔 미리 파국을 예상하고서 시작부터 두려움과 절망에 빠지곤 할 것이다. 하지만 이렇게 당신을 힘들게 하는 모든 요소들에 흔들리지 마라.

오히려 기회를 낭비하지 않아야 한다고 생각하라. 그렇게 한다면 필요 이상 반복적으로 위기를 맞는 일은 없을 것이다.

당신이 실패하지 않을 수 있는 유일한 길은 아무런 시도도 하지 않는 것이다.
그렇다면 당연히 성공도 없다. 사람들은 실패하면서 성공을 향해 나간다.
찰스 F. 키틀링

재능을 가둬 두지 마라

한 젊은 여인은 접시에 그림을 그리는 재주가 매우 뛰어났다.

그러던 그녀가 사랑에 빠져 결혼을 하면서는 더 이상 그림을 그리지 못했다. 하지만 아이들이 자라 진열장 앞에 서서 제각각 나름의 특별한 세계를 담고 있는 그녀의 작은 그림들을 지켜보는 것을 너무나 좋아했다. 모두들 그녀의 작품을 좋아했고 왜 그녀가 다시 붓을 들지 않는지 의아해했다. 그림에 대한 그녀의 사랑이 모두 식어 버린 줄 알았다. 그러나 그녀는 자신의 재능인 그림을 그릴 시간이 없다고 생각할 뿐이었다.

시간이 없어서 재능을 포기한다는 것은 자신의 일부를 자기 안에 가둬 두는 것과 같다. 재능을 묻어 두는 것은 자신의 가능성을 제한하는 것이다. 당신이 자연스럽게 재능을 펼쳐 낸다면 그 성취감은 자연스레 당신에게 되돌아가 인생에서 커다란 역할을 해 줄 것이다.

재능은 새로운 세계를 만들어 내기 때문에 재능을 꽃피울 공간 역시
스스로 생겨나기 마련이다. 미래는 지금 준비하는 사람에게만 찾아온다.
말콤 X

곧바로 행동하는 자가 더 많은 기회를 잡는다

성공이든 실패든 우선 실천으로 옮겨야만 결과를 얻을 수 있다. 결정한 대로 즉시 행동하는 자는 그 직관력으로 더 많은 기회를 잡을 수 있다.

오늘 해야 할 일을 내일로 미루지 않는 자가 더 많은 일을 하는 것이다.

어떤 일을 추진할 때에는 당신의 직관에 귀를 기울여라. 그리고 통찰력을 최대한 높여야 한다. 시작도 하기 전에 미루기부터 하는 자는 결국 시대의 낙오자가 될 것이다.

너무 먼 미래를 내다보며 계획해서는 안 된다.
또는 적으나마 그 성과를 보지 못할까 초조하게 생각해서도 안 된다.
우리는 움직이려고 세상에 태어난 것이다.
몽테뉴, 『수상록』

당신의 상품 가치를 높여라

누군가를 즐겁게 하는 것은 사람의 마음을 끌어당기는 마법과도 같은 것이다. 당신만이 가진 매력을 발산하라. 침묵 속에서도 힘을 발휘하는 든든한 무기가 될 것이다.

재능만으로는 기대 이상의 성공을 거두기 어렵다. 만약 당신이 귀한 재능을 가졌다면, 그 빛나는 재능 위에 호감을 주는 매력적인 인성을 입혀야 한다.

유능한 세일즈맨은 상품을 팔기 위해 언제나 자기 자신을 먼저 판다.

항상 "고객이 왜 다른 사람이 아닌 내게 구매하겠는가?" 라는
질문의 해답을 찾아야 한다.
브라이언 트레이시, 『사업성공의 길』

최고의 상술

용맹하게 전장을 누비며 적을 두려움에 떨게 했던 장군이 있었다.

수없이 많은 전쟁 속에 큰 공을 세운 그는 자신의 용맹한 이름과 그로 인한 명예를 후손들이 영원히 기억하길 원했다. 그래서 자신의 초상화를 남기로 마음먹었다.

문제는 그가 마지막 전쟁에서 한쪽 눈을 잃어 애꾸눈이 되었다는 사실인데, 장군은 후손들에게 자신의 그런 모습을 보여 주길 꺼려했다. 완벽한 자신의 모습을 남기고 싶었던 것이다. 그러나 장군이 불러들인 유명한 화가들은 아무도 이 일을 성사시키지 못했다.

처음 불려온 화가는 매우 정직한 인물로 장군의 초상화를 있는 그대로 애꾸눈으로 그렸으며, 두 번째 화가는 장군의 비위를 맞추기 위해 양쪽 눈이 모두 멀쩡한 거짓 그림을 그렸기 때문이다.

장군은 자신의 애꾸눈 모습을 후손에게 보여 주는 것만큼이나 거짓으로 조작해 남기는 것도 싫어했던 것이다.

그러던 어느 날, 소문을 들은 이름 없는 젊은 화가가 장군을 찾아와 초상화를 그릴 수 있도록 해 달라고 부탁하였다.

"자네는 내가 원하는 초상화를 그릴 자신이 있는가?"

"네, 한번 맡겨 보시지요. 꼭 장군님의 마음에 드는 초상화를 그리도록 하겠습니다."

또랑또랑한 젊은 화가의 말을 들은 장군은 마지막으로 한번 맡겨 보기로 결정하고 초상화가 완성되기를 기다렸다.

며칠 후 초상화를 완성시킨 젊은 화가가 장군에게 떨리는 마음으로 자신의 그림을 보여 주자 장군은 매우 기뻐하며 소리쳤다.

"그래, 바로 이게 내가 원하던 초상화야!"

장군은 매우 흡족해하며 후한 그림값을 젊은 화가에게 건네주었다. 젊은 화가가 그린 장군의 초상화는 애꾸눈이 보이지 않게 그린 옆얼굴이었던 것이다.

상대의 요구를 들어주는 것이 최고의 상술이다.

적절한 순간을 판단하라

때때로 타이밍이 가장 중요한 순간이 있다. 적절한 순간을 놓치면 영영 돌이키기 어려운 일들, 평생을 두고 후회할 일들이 생긴다. 그러나 적절한 시기가 언제인가를 판단하는 것은 꽁꽁 숨겨진 비밀을 캐내는 것만큼이나 어려운 일이다.

현명한 농부를 보라. 그들은 언제 씨를 뿌리고 언제 과수원에서 열매를 거두어 들여야 하는지를 잘 알고 있다. 그것은 세심한 관찰과 고난을 이겨 낸 경험에서 우러나는 것이다.

시작하라. 그리고 행동하라. 늦었다고 생각하는 바로 지금이 가장 적절한 순간이다.

기회는 새와 같은 것, 날아가기 전에 꼭 잡아라.
J. C. F. 실러

　어떠한 순간에도 인간다운 모습을 유지하기 위해 노력해야 한다. 사소한 실수 하나가 당신이 지금까지 쌓아 올린 명성을 한순간에 물거품으로 만든다.

　어떠한 순간에도 기품 있는 행동을 하라. 당신은 혼자가 아니다. 당신을 지켜보는 수많은 눈을 떠올려라.

　경솔함과 명성은 물과 기름 같아서, 절대로 섞이는 법이 없다.

　한 어깨에 두 지게를 짊어질 수 없듯이 어느 누구도 지각이 없으면서 동시에 진지할 수는 없다. 경솔한 행동으로 명성을 잃지 마라.

똑똑한 사람과 바보를 확실하게 구분하는 것은
바보는 늘 같은 실수를 되풀이하는 반면,
똑똑한 사람은 늘 다른 실수를 한다는 것이다.
카를 하인리히 바거를

자기 철학을 가져라

치우침 없는 진실한 눈으로 삶을 끌어안아라. 그러기 위해서 당신 스스로 작은 철학자가 되어도 좋다.

자기 철학은 끝을 알 수 없는 망망대해에서 항로를 알려주는 나침반과도 같다. 자기 철학이 없는 사람은 곧 항해하는 인생에서 목적이 없는 사람이다. 철학은 삶의 본질에 대해 끊임없이 질문하고 탐구하는 과정이며, 세상을 살아가는 데 필요한 신념과 지혜를 얻을 수 있는 기본이 된다.

무엇이 옳고 무엇이 그른가, 무엇을 취해야 하고 무엇을 버려야 하는가를 판단하는 것, 그것이 곧 철학이며 철학적인 삶의 태도다.

인생이란 느끼는 사람에게는 비극,
생각하는 사람에게는 희극이다.
라 브뤼에르

쓸데없는 책을 읽지 마라

시대에 뒤떨어지지 않기 위해서 혹은 사교계에서 화제로 삼기 위하여 모두가 언제나 같은 책, 최신작, 베스트셀러를 읽는 것은 참으로 비참한 일이다.

모든 시대에 걸쳐 가장 훌륭한 책을 읽는 대신에 가장 새로운 것만을 읽는 독서 양태는 작가들로 하여금 당대에 유행하는 좁은 사상권에서 빠져나오지 못하게 하고, 시대는 점점 더 깊은 수렁에 빠져들고 마는 것이다.

따라서 책을 읽을 때, 좋은 책을 읽는 것만큼이나 쓸데없는 책을 읽지 않는 기술이 매우 중요하다. 그러기 위해서는 유행하는 책을 닥치는 대로 따라 읽지 않는 것도 한 방법이다.

악서는 아무리 적게 읽어도 모자람이 없고, 양서는 아무리 여러 번 읽어도 지나침이 없다.

가장 도움이 되는 책이란 많이 생각하게 하는 책이다.
데오도르 파카

좋은 책일수록 반복해서 읽어라

많은 이들이 책을 구입하는 것과 그 내용을 자신의 것으로 만드는 것을 혼동한다. 그러나 책은 소유하는 것이 아니다. 여러 번 곱씹고 되뇌어서 자신의 것으로 소화해야 하는 것이다.

"반복은 연구의 어머니이다."라는 말이 있다. 가치 있는 책일수록 무엇이든 반복해서 읽어야 한다. 두 번 읽을 때는 한층 더 심도 깊게 이해할 수 있으며, 처음과는 다른 기분으로 읽기 때문에 같은 대상에 대해서도 다른 시각을 갖게 된다.

고전만큼 우리의 정신을 맑게 해 주는 것은 없다. 고전이라면 어떤 책이든, 반 시간만이라도 손에 쥐고 있으면 곧 정신이 신선하고 경쾌해져서 더욱 강해지는 것이다. 그것은 나그네가 깨끗한 바위에서 솟아나는 샘물로 원기를 보충하는 것과 같다.

책은 한 번 읽어서 그 구실을 다하는 것이 아니다.
재독하고 애독하며, 다시 손에서 떼어 놓을 수 없는 애착을 느끼는 데서
그지없는 가치를 발견할 것이다.
러스킨

다양한 관심이 결점을 보완한다

여러 가지 일에 관심을 가져라. 그것은 학구열이 남다르거나 재주가 많아야 가능한 일이 아니다. 모든 배움은 나름의 쓸모를 가지고 있다. 또한 여러 가지가 서로 보완의 역할을 하고 도움이 되기도 한다. 다른 분야의 학습이 당신의 전문 분야에서 독특한 발상으로 이어질 수 있는 것이다. 곧, 다른 분야에 대한 관심과 배움이 당신의 결점을 메워 주는 중요한 역할을 하기도 하는 것이다.

당신에게는 아주 많은 능력이 있다. 그것을 개발하거나 끌어내지 않는다면 그대로 묻혀 버릴 것이다. 그러므로 한 가지만 잘하겠다는 생각보다는, 그 한 가지의 능력을 보완하고 완성하기 위해 다른 것도 익히겠다는 마음가짐이 필요한 것이다.

인내와 끈기, 그리고 지칠 줄 모르는 노력은 성공을 위한 가장 확실한 요소들이다.
나폴레온 힐

시간을 다스리는 기술

당신은 가족과 대화해 본 기억이 있는가? 별다른 대화의 기억이 없는 아빠가 2박 3일 동안 아이와 함께 지내면서 할 수 있는 이야기가 과연 무엇일까? 시집에 대한 불평과 돈 이야기 이외에는 별로 할 이야기가 없는 아내와 남편이 아무 탈 없이 주말을 함께 지낼 수나 있을까? 아무 하는 일 없이 집에서 뒹구는 남편을 예뻐할 아내는 별로 없다. 남편 또한 마찬가지다. 오랜만에 집에 있다 보면 그동안 별로 눈에 보이지 않던 사소한 문제들이 남편들을 자극한다.

가족의 위기는 어느 날 갑자기 찾아오는 것이 아니다. 이런 사소한 문제들이 축적되어 폭발하는 것이다. 가족이 함께 할 수 있는 놀이의 문화적 토양이 부재한 우리나라에서 급작스런 주5일 근무제의 도입은 엄청난 사회적 문제를 야기할 수 있다.

여가의 진정한 의미는 의사소통이다. 당신 자신과 대화하고, 가족들과 대화하며 서로를 이해하는 과정이 여가의 본질이다. 새롭게 얻는 휴일을 행복하게 보내기 위해선 이제라도 가족과 대화하는 연습을 해야 한다. 아주 사소하지만 서로의 느낌을 자연스럽게 드러내는 대화법에 익숙해져야 한다.

저녁 식사 후 온 가족이 함께 산책을 하거나 혹은 촛불을 켜고 차 한 잔 하는 것은 대화를 끌어내는 훌륭한 방법이 될 수 있다. 온 가족이 함께 어울리는 대화법이 존재하는 가족에게 늘어난 휴일은 아주 훌륭한 선물이 된다. 그러나 아빠가 주말 나들이의 운전기사 역할 이외에는 별로 할 일이 없는 가족에게 늘어난 휴일은 재앙이다.

휴가에서 당신은 무엇보다도 먼저 시간에 의해 지배 받는 당신의 일상을 발견해야 한다. 그러기 위해서는 일상과 전혀 다른 삶을 살아 봐야 한다. 예컨대 배고프면 먹고, 졸리면 자는 그런 게으른 삶을 한번 살아 보는 것이다. 느리고 게으른 삶에서 시간을 지배하는 기술을 배워야 한다. 휴가를 가서도 여전히 바쁘게 움직이고, 휴대폰은 계속 울리고, 하루에 한 번은 꼭 이메일을 확인해야 하는 그런 삶은 정말 비참하다. 휴가 때는 정말 맘먹고 한번 게으르게 살아 보라. 당신에게는 게을러서 생기는 문제보다 게으르지 못해서 생기는 문제가 훨씬 더 많다는 사실을 새삼 자각하는 시간을 가져 보라.

위기의 순간에도 당신 자신을 믿어라

만일 당신이 예상치 못한 곤경에 처하게 된다면 그 원인이 무엇인지 찾아내고 분석하는 과정이 필요하다. 그런 다음, 앞날에 대한 대책을 강구해야 한다. 비록 일시적인 희생이나 고통을 감수하더라도 원인을 제거하는 일이라면 즉시 실행에 옮겨라. 지혜로운 자는 위기의 순간에 더욱 빛을 발하는 법이다. 어떠한 위기든 낙담하여 자포자기하면 상황은 결코 나아지지 않는다.

위기를 넘기는 힘은 자신에 대한 믿음에서 온다. 어려운 환경 속에서도 다른 사람이 당신을 구해 주기만을 기다리지 말고 성공하기 위해 세운 계획을 실행에 옮겨라.

위기의 순간을 극복할 사람은 오로지 당신 자신뿐이라는 사실을 기억하라.

자신의 꿈이 아름답다고 믿는 사람에게만 미래는 존재한다.
E. 루스벨트

능력을 최대한 발휘하려면 대담성을 가져라

자, 달성해야 할 목표가 정해졌다면 이제 한 손에는 용기를, 다른 한 손에는 대담성을 쥐어라. 그것은 당신이 은연중에 품고 있는 과장되고 불필요한 걱정을 완화시켜 준다.

당신의 능력을 최대한 발휘하기 위해서는 대담성이 중요하다.

인간의 정신이란 위기에 단련되어 강해진 것이지 천성적으로는 매우 연약하다. 그래서 머릿속으로만 성공과 위대함을 좇고, 현실에서는 대담성을 가지고 돌진하려 하지 않는다.

성공한 사람들을 보라. 그들은 내재되어 있는 열정과 대담성을 부추겨 실제로 과감하게 뛰어든다. 대담성과 용기는 야망을 실현시켜 줄 가장 강력한 무기인 것이다.

부드럽게 계획하라. 그러나 열렬하게 밀고 나가라.
C. A. 비어드

작은 것을 탐하면 큰 것을 놓친다

몸에 조그마한 상처가 나거나 통증이 있으면 당신의 온 신경은 그곳에만 집중될 것이다. 건강한 몸 전체에 대한 고마움은 잊어버린 채, 오직 그 환부의 고통만이 마음에 걸려 삶에 대한 즐거움을 느끼지 못하는 것이다.

마찬가지로 사업이 순조롭게 진행될 때 오직 한 가지가 뜻대로 되지 않으면, 비록 사소한 일이라도 그것만이 걱정되어, 원만히 진행되는 보다 중요한 모든 일을 놓쳐 버린다.

숲을 보는 지혜를 길러라. 당신이 걱정하며 연연해하는 사소한 일로 성공할 수 있는 다른 수많은 일을 놓치는 어리석음을 범해서는 안 된다.

행복해지려면 두 가지 방법이 있다.
욕망을 줄이든가 가진 것을 늘리든가.
어느 쪽을 택해도 좋다.
B. 프랭클린

실패는 새로운 자본이다

실패라는 경험만큼 소중한 재산도 없다. 스스로의 경험으로부터 지혜를 얻을 수 있다면 당신 앞에 일어날 일을 최선의 것으로 만들 수 있는 가능성이 있다. 과거의 실패에서 얻은 경험을 지금 발생하고 있는 문제에 적용하라. 당신의 성공은 보장된 거나 다름없다.

성공한 사람은 경험을 통해서 얻은 재능과 지식을 최대한 이용할 줄 아는 사람이다.

당신이 지금 실패했다면 이렇게 자문하라. '지금의 이 실패를 어떻게 해야 새로운 자본으로 만들 수 있을까?'

신이 인간에게 기억력을 준 것은 자신의 과오에서 이득을 취하도록 하기 위함이다.

현명한 자는 타인의 불행을 통해 배우지만,
우둔한 자는 심지어 자기 자신의 실패를 통해서도 배우는 것이 없다.
B. 프랭클린

시간은 흘러가는 돈이다

당신은 열심히 땀 흘린 뒤에 찾아오는 달콤한 휴식을 경험해 본 적이 있는가. 매일매일을 휴일처럼 보내는 사람은 진정한 휴식의 즐거움을 알지 못한다.

진정한 휴식의 기쁨은 고된 노동 뒤에 맞이하는 단 몇 분을 통해서도 느낄 수 있는 것이다. 게으른 자는 성취감 뒤에 맛보는 그 뿌듯한 희열을 평생 경험할 수 없다.

시간을 '흘러가는 돈'이라고 생각하고 기쁘게 땀 흘릴 줄 알아야 한다. 시간을 소홀히 다루는 사람이야말로 바로 눈앞에 있는 보물을 그냥 놓쳐 버리는 어리석은 사람이다.

사람은 금전을 시간보다 중히 여기지만,
그로 인해 잃어버린 시간은 금전으로 살 수 없다.
유대인 격언

시간관념에 철저해져라

성공을 목표로 하고 있다면 시간을 유용하게 사용할 줄 알아야 한다. 가치 있는 시간은 돈보다 값진 것이다.

누군가와 약속을 했다면 반드시 시간을 지켜야 한다. 약속시간에 늦는 것은 상대방의 귀중한 시간을 빼앗는 것이다. 동시에 당신의 신뢰도 잃게 된다.

데일 카네기는 이렇게 말했다.

"누군가와 만날 약속을 했다면 그만큼 상대방의 신용을 얻었다는 표시다. 그러나 약속을 어긴다면 그것은 상대방으로부터 도둑질을 한 것이다. 돈을 훔친 게 아니라, 인생이라고 하는 은행에서 시간을 훔쳤다는 말이다. 상대방이 다시는 되돌릴 수 없는 귀중한 시간을……."

약속을 지키지 않는 사람은 그 어떤 일에도 성공할 수 없다.

승자는 시간을 관리하며 살고, 패자는 시간에 끌려 산다.
J. 하비스

익숙한 것과의
이별

시작을 위한 5분

 다람쥐 쳇바퀴 돌 듯하는 일상에는 권태와 지루함만 남아 있다. 이런 일상에서 창의적인 아이디어를 기대하는 것은 진흙탕 속에서 진주를 찾는 것만큼이나 무모하다. 창의적인 아이디어 자체의 의미가 일상에서 경험되는 것들과는 다른, 새로운 그 무언가를 찾아내는 것이기 때문이다. 프랑스 철학자 루소는 혼자서 도보로 여행을 다니면서 자신의 이론을 발전시켰다. 괴테 또한 새로운 아이디어가 필요할 때면 산책을 나섰다. 정신분석학자 프로이드도 마찬가지다. 인간의 의식을 무의식, 전의식 등으로 나눈 그의 정신분석학은 산을 오르내리며 얻은 아이디어였다. 실제로 프로이드가 친구에게 보낸 편지를 보면, 『꿈의 해석』은 '환한 들판에서 전나무 숲이 우거진 어두운 산길로 들어가는 길에서 얻어진 아이디어' 라고 적고 있다. 뉴턴의 만유인력의 법칙도 시골에 놀러 갔다가 우연히 나무에서 사과가 떨어지는 것을 보고 알아낸 것이다.

 남들과 다르게 살고 싶다면 장소를 바꿔서 즐겨야 한다. 장소가 바뀌면 일상에서 느끼지 못하던 사소한 감각들이 되살아난다. 새롭게 느껴지는 사소한 즐거움에 마음을 열고 정서의 블랙홀을 치료하라. 그러다 보면 책상머리에서 머리를 쥐어뜯어도 잘 떠오르지 않던 생각이 나무 사이로 걷는 산책로에서 불현듯 떠오른다. 나무 흔들리는 소리를 느낄 수 있기 때문이다. 창의적인 아이디어는 익숙한 것과의 이별을 통해 얻어진 낯선 정서 속에서 싹터 오른다. 일상을 벗어나 자연의 바람소리, 새소리와 같은 아주 사소한 일에 기뻐할 때 창의적인 사고가 불쑥 당신의 가슴을 서늘하게 적실 것이다.

리더십의 진정한 가치는 베푸는 것이다

리더십의 진정한 가치는 상대에게 먼저 아낌없이 베풀어 줄 때 가장 빛난다. 편협한 지도자는 자신의 권력 이상의 정치를 할 수 없지만, 반면 리더십 강한 지도자는 많은 사람들에게 널리 이로운 선정을 할 수 있다.

때로 인생에서 부딪치는 많은 갈등과 고뇌는 저울 위의 먼지와 같이 커다란 의미가 없는 것들이기도 하다. 그러므로 위대하고 관대한 사람은 모든 것을 너그럽게 용서할 줄 알며, 훌훌 털어 버릴 수 있는 것이다. 용서와 이해로 하루를 보내고 나면, 그날은 악몽 없는 평화로운 밤이 온다는 것을 당신도 이미 잘 알고 있을 것이다.

절약만 하고 쓸 줄을 모르면 친척도 배반할 것이니,
덕을 심는 근본은 선심 쓰기를 즐기는 데 있다.
가난한 친구나 곤궁한 친족들을 두루 돌보아 주도록 하라.
정약용, 『목민심서』

성공을 원한다면 '버텨라!'

성공은 만들어지는 것이다. 성공함에 있어 끈질긴 인내보다 훌륭한 것은 없다. 재능만으로는 안 된다. 99%의 노력이 뒤따르지 않으면, 1%의 재능도 아무 소용이 없다. "천재는 보답 받지 못한다."는 말처럼 타고난 재주만 믿는 천재가 오히려 성공하지 못하는 법이다.

그렇다고 교육만으로 되는 것도 아니다. 교양 있는 낙오자는 넘쳐 난다. 무엇을 하든 그 일을 성취하기 위해 필요한 것은 오직 끈기와 결단력뿐이다.

'버텨라!'

이 슬로건은 이제까지 인류의 여러 가지 문제를 해결해 왔으며, 앞으로도 해결해 나갈 것이다.

천재란 강렬한 인내자이다.
이 세상에 단 하나밖에 없는 최선의 방법을 찾아낼 때까지 생각하고 또 생각한다.
결코 많은 사람들과 같이 중도에서 생각을 멈추지 않는다.
L. N. 톨스토이

실패를 인정하라

지나치게 떠벌리고 다니는 사람들은 자신감이 없음을 자랑하는 것과 마찬가지다. 또한 실패에 대한 두려움이나 열등감, 무능력에 대한 한탄은 행동하지 않는 사람들에게서 나오기 마련이다.

혹시라도 당신이 실패했다면 그 원인을 분석하고 개선하려는 노력을 하라. 그리고 그 원인이 자신에게 있음을 솔직하게 인정하라. 그 결과에 대한 원인을 솔직한 자세로 파악하고 구체적으로 대책을 세워야만 실패한 가운데 또 다른 성공을 이룰 수 있는 것이다.

인간은 항상 시간이 모자란다고 불평을 하면서,
마치 시간이 무한정 있는 것처럼 행동한다.
세네카

실패 속에 있는 성공의 요소를 찾아라

누구든 실패의 기억을 지우기가 쉽지 않다. 실패를 생각하지 않으려고 하면 할수록 그것은 더욱 공포스럽고, 더욱 집요하게 고개를 쳐든다. 따라서 한 번의 실패는 또 다른 실패를 가져온다는 생각에서 완전히 벗어나지 않는 한 더욱 더 많은 실패를 겪을 수밖에 없다.

어떤 일에 실패했다고 하더라도 절망감이나 좌절감까지 느낄 필요는 없다. 모든 실패 속에는 성공의 요소가 필연적으로 들어 있기 때문이다.

비록 지금은 실패했더라도 자신을 냉철하게 평가함과 동시에 과거의 노력을 객관적으로 분석하고 평가한다면, 성공하지 못한 이유를 찾아낼 수 있을 것이다.

우리는 때때로 한 사람의 덕에서보다도 그의 실패에서 많은 것을 배운다.
H. W. 롱펠로우

시작이 절반의 성공이다

아무리 헤쳐 나가기 힘든 장애가 당신 앞을 가로막고 있더라도 도망쳐서는 안 된다. 만약 상황이 어렵다고 해서 외면해 버린다면 그 문제는 언제까지나 해결되지 않은 상태로 남을 뿐만 아니라, 점점 눈덩이처럼 커져서 오히려 당신의 마음을 괴롭히게 된다.

남의 도움을 받아 가며 손쉽게 숙제를 해결해서는 결코 큰 발전을 이룰 수 없다. 결국 인생의 난관을 스스로 헤쳐 가려는 결연한 의지만이 당신의 재능을 키우는 요인이 되는 것이다. '좋아, 해 보자!' 하는 각오로 어떻게든 해 보려고 안간힘을 쓰면, 지금까지는 모르고 있었던 어떤 힘이 솟아나는 것이다.

인간은 누구나 자신도 알지 못하는 무한한 능력을 가지고 있다. 어떤 어려움에도 맞서서 부딪쳐라. 그것을 해결하는 힘은 이미 당신 안에 있다는 강한 신념을 가지고 정면으로 승부한다면 이미 절반의 성공은 거둔 셈이다.

쉬워 보이는 일도 막상 해 보면 어렵다.
못할 것 같은 일도 시작해 놓으면 이루어진다.
채근담

형식의 가면을 벗어던져라

자연스러움이야말로 가장 큰 미덕이다.

격식에 엄격한 왕족이나 한때 의식주의를 떠받들었던 이들도 서서히 그 깊은 잠에서 깨어나고 있다.

의식에 얽매여 형식을 고집하는 자는 타성과 구태의연함에 젖기 쉽다. 그것은 자기 스타일만을 고집하다 신중한 사람들을 가로막는 결과를 초래한다.

행실을 삼가고 자신을 소중히 여기는 태도는 참으로 좋은 성품이다. 그러나 형식만을 좇는다면 자중심이란 찾아볼 수가 없을 것이며, 위선적인 성품만이 남을 뿐이다. 품위 없는 가면극의 주인공들이 되지 마라.

격식과 위선의 가면을 벗어던지지 않는다면 당신은 그 작은 세상에서 벗어나지 못한 채 영원히 살아갈 것이다.

자기를 버리는 것은 위선이다.
R. 롤랑

참살이의 실천

우리가 생활 속에서 건강하고 행복하게 실천할 수 있는 참살이는 얼마든지 있다. 내 가족의 건강한 식단을 위해 시장에 직접 나가 제철에 나는 신선한 식재료를 고르는 일, 매일 주기적으로 자신에 맞는 운동을 하는 일, 가족과 함께 소중한 추억을 만들 수 있는 여행을 하는 일, 자녀에게 '더불어 사는 삶'을 가르쳐 주기 위해 태안 기름띠 제거 작업에 참여하는 일, 삶의 품격을 높이기 위해 세계 명화를 보러 가는 일 등등.

참살이는 우리 사회에서 일시적으로 유행하는 한때의 트렌드라기보다는 인간으로서 근본적으로 부딪치는 비인간적인 삶의 방식에 대해 바람직한 태도를 요구하는 생활 자세의 문제이다. 이는 곧 물질적 풍요에서 오는 '삶의 질'에 대한 의문에 다름 아니다. 따라서 행복한 삶을 생활 속에서 실천하기 위한 가장 중요한 방법은 바로 정신과 육체가 조화를 이룬 '인간다운 행복'을 추구하는 데 있다.

지금부터라도 참살이를 개인의 물질적 풍요가 아닌, 정신적으로 풍요롭고 육체적으로도 건강한 문화적인 삶의 형태로 가꾸어 나가자.

생활의 질을 좀 더 높이는 것, 스스로를 배려하는 것, 자신을 귀하게 여기는 것, 그러면서도 더불어 잘사는 것이 무엇인지 한번쯤 뒤돌아볼 줄 아는 삶의 여유와 타인에 대한 배려를 실천해 보자.

느리고 단순하지만 의외로 행복한 삶이란 가장 가까운 곳에 머물러 있음을 느끼게 될 것이다. 다만 당신이 너무 번잡스럽고 얽매여서 그곳에 다다르지 못했을 뿐이다.

그렇게 참살이는 느림과 배려의 훌륭한 예술이다. 이를 생활 속에서 실천할 때 우리는 비로소 즐겁고 여유롭게 사는 지혜로운 삶의 방법을 스스로 터득하는 또 다른 경지의 참살이 문화를 경험하게 될 것이다.

허식은 무능에서 비롯되는 것이다

모든 허식은 우리가 살아가면서 현혹되기 쉬운 함정이다. 허식이 언제나 천시되는 이유는 첫째, 그것이 거짓이고 자기의 무능에 대한 두려움에서 비롯된 비열한 행위이기 때문이며, 둘째 자기를 과대 포장해 보이려는 자기기만이기 때문이다.

어떤 성격이나 재능을 속이고서 자랑하고 우쭐대는 것은 자신이 그러한 성격이나 재능을 갖고 있지 않다는 사실을 인정하는 것과 같은 꼴이다. 따라서 용기나 학식, 재능, 여자, 재산, 지위 등 그밖의 다른 무엇이라도 그것을 코에 거는 자가 있다면 그에겐 바로 자랑삼는 그것이 결핍되어 있다고 단정하여도 좋다.

진정으로 학식이 풍부하고 재능과 재산이 넘친다면 스스로 만족할 뿐 그것을 자랑할 필요가 없다.

자기의 실력을 감출 줄 아는 것이야말로 크나큰 실력이다.
라로슈푸코, 『잠언과 성찰』

칠전팔기의 정신으로 다시 일어나라

생존경쟁에 있어 포기하지 않는 정신은 그 어떤 재능보다도 필요한 것이다. 재능을 가지고서도 실패를 거듭하는 사람은 인내심이 부족한 탓이다.

권투 선수의 투지를 본받아라. 그토록 얻어맞으면서도 굴복하지 않는 태도로 살아간다면, 최악의 난관에 봉착하더라도 극복하고 이겨 낼 수 있는 힘을 얻을 수 있다.

실패에 무릎 꿇지 말고 칠전팔기의 정신으로 다시 일어나 정면으로 역경에 맞선다면, 승리의 열매는 당신 몫이다.

누가 가장 영광스럽게 사는 사람인가? 한 번도 실패하지 않는 것보다는
실패할 때마다 조용히, 그러나 힘차게 다시 일어나는 데 참된 영광이 있다.
G. 스미스

혼신의 힘을 다하라

목표가 정해졌다면 전력을 다해 그 일에 매달려야 한다. 막연하게 '그저 어떻게든 되겠지.' 하는 생각으로 도전한다면, 당신은 목표하는 바의 발치에 닿기도 전에 패배의 나락으로 떨어지게 될 것이다.

잠자는 당신의 의지를 깨워라. 자기 몸을 태워 불빛을 밝히는 촛불처럼 자신의 모든 것을 바쳐서 노력하는 사람만이 목적하는 바를 성취할 수 있다. 일에 대한 열정도 없이 다른 사람의 걸음걸이를 흉내 내는 것만으론 그 어떤 성과도 일궈낼 수 없는 것이다.

위기가 닥치거나 기회가 찾아왔을 때 자신감을 가지고 혼신의 노력을 다한다면, 당신은 최고가 될 수 있다.

위대한 것을 이루고 싶은가? 행동하고 꿈꾸어라. 계획하고 또한 믿으라.
MDRT 명사 강연록

4장 | 남들이 하지 않는 시도　변화

'나'를 남김없이 버리는 법

어제의 태양과 오늘의 태양이 다른 것은 아마도 새 아침에 대한 막연한 기대 때문일 것이다. 아직 한 번도 디디지 않은 새하얀 눈밭 위에 첫 발자국을 찍는 것처럼 오늘 아침에는 그렇게 신선하고 경이로운 세상이 나를 기다리고 있다고 스스로에게 최면을 걸면서 하루를 시작해 보라. 그 첫 발자국의 설렘을 마음밭에도 명징하게 아로새겨 두고, 삶에 지칠 때마다 꺼내 볼 수 있도록 마음 한곳에 커다란 오아시스 한 개쯤 숨겨 놓고 살아 보라. 언제나 초심으로 늘 만나는 얼굴들, 늘 보는 산과 꽃과 나무와 별과 바람에 감사하고 감동하는 그런 마음으로 아침을 맞이하라.

눈뜨며 맞이하는 첫 아침은 늘 그렇게 삶의 가장 익숙한 것으로부터 새로운 의미를 찾아가는 마음으로 시작하라. 지금까지 알고 있었던 '나'를 다시 돌아보고, 가장 나다운 것이 무엇인지 찾아내 스스로 자신감을 불러일으켜라. 아무리 작은 재능일지라도 당신에게만 주어진 재능은 분명히 있을 것이다. 이 재능은 당신만이 할 수 있는 일이기 때문에 인류 전체를 위한 작은 선물이 될 수도 있다.

새로운 '나'를 찾아 떠나고 싶다면 타성에 젖은 '나'부터 버려야 한다. 양복에 넥타이를 매고 아침에 출근해서 저녁에 퇴근하는 수동적인 존재에서 벗어나라. 앞으로는 자기만의 탁월한 재능을 발견하고 그것을 창조적으로 활용하는 초발상적 인간이 인정받는 사회가 될 것임을 내다본다면 그외에도 탈피해야 할 '나'의 모습이 많을 것이다.

미래의 일터는 자기 혁명을 완성하는 자에게 성공이라는 열매를 준다. 그리고 그 출발점은 마음속에 자리 잡은 피고용자로서의 당신 자신을 버리는 데서부터 시작된다. 이제 어떻게 스스로 1인 경영자가 될 것인지를 생각하라. 골수에 남아 있는 가장 확실한 당신만의 한 수만 빼놓고는 남김없이 버려라. 버리는 법을 배우면 얻는 법도 자연히 배우게 될 것이다.

아무도 디뎌 보지 못한 낯선 하루가 시작되었다. 이 낯설고 순결한 미지의 땅에서 자기만의 목소리와 몸짓으로 새롭게 눈뜨는 당신 자신을 성장시켜 나간다는 건 참으로 가슴 벅찬 일이 아닐 수 없다. 새 아침엔 가장 당신다운 능력을 십분 발휘해 당신이 주인공이 되는 열정과 도전의 하루를 만들어 보라. 그런 하루가 차곡차곡 쌓이면 당신은 어느새 성공한 사람이 되어 자신감 넘치는 모습으로 우뚝 서 있을 것이다.

저항할 것인가, 변화할 것인가

　사람들은 새로운 환경을 대하게 되면 두 가지 반응으로 나뉜다. 한 가지는 잘 적응하는 것이고 다른 한 가지는 저항하는 것이다. 그러나 어느 쪽을 선택하든지 환경의 변화를 한 개인의 힘으로 막을 수는 없다.

　당신의 상황 역시 수시로 변한다. 당신이 혹여 누구나 부러워하는 자리에 있더라도 앞으로도 계속해서 그 자리가 보장되리란 법은 없다. 그러한 보장은 당신의 욕심만으로 되는 것이 아니라 당신 스스로 변화했을 때에 가능하다.

　보다 열심히 연구하고 배워라. 당신이 변화함으로써 능력은 배가 되고 끊임없이 도전해 오는 다른 사람들에게 뒤처지지 않는 것이다.

인생에는 두 가지 선택이 있다.
하나는 주어진 조건을 있는 그대로 받아들이는 것이고,
또 다른 하나는 그 조건을 변화시키는 것이다.
D. 웨이트리

어린아이들은 참으로 영리하다. 엄마 아빠의 말투나 행동을 따라하고 심지어는 기필코 엄마 아빠처럼 되고 싶어한다. 문제는 어린아이들이 건전한 행동과 태도뿐 아니라 가끔은 건전하지 않은 행동들도 따라 한다는 점이다. 어린아이들뿐만이 아니다. 잘못 행동하는 사람들을 주위에서 보게 되면 당신은 불편함을 느낄 것이다.

이때 그들을 비판하거나 변화를 요구하기 전에 당신이 먼저 바뀌어야 하는 건 아닌지 살펴보라. 누군가의 행동이 마음에 들지 않을 때 당신이 할 수 있는 일이 바로 그것이다.

그로 인해 당신은 나아질 것이며, 누군가 그것을 따라 한다면 다른 사람에게서 당신 자신이 지향하는 것을 보게 될 것이다. 그처럼 기분 좋은 일이 또 있겠는가.

개인은 계속되는 변화를 통해 자신에게 주어진 정체성을 극복함으로써
새로운 자기를 생성시킬 수 있다.
P. 발라디에

과거의 감정에서 벗어나라

실수를 반복하는 것처럼 어리석은 일은 없다. 이것은 과거의 감정에서 벗어나지 못하여 자신도 모르게 비슷한 방식으로 일을 처리하기 때문에 생겨난다.

남의 시선이나 좌절감에서 과감하게 벗어나라. 과거의 실패와 그것으로 인한 두려움은 빨리 떨쳐 버려라. 그러나 비싼 대가를 치르고 얻은 교훈을 잊어서는 안 된다.

비록 과거의 실패로 인해 상처가 크더라도 자신감을 잃지 않아야 한다. 당신 안의 창조적인 능력과 용기를 부추기고 강인한 의지를 폭발시킴으로써 과거와 맞부딪쳐라. 당신에게 주어진 온갖 어려움을 이기고 원하는 방향으로 나아갈 수 있는 힘이 생길 것이다.

같은 일을 반복하면서 결과가 다르기를 기대하는 것은 정신병이다.
MDRT 명사 강연록

애벌레는 나비가 되기 위하여 도움을 받지 않는다. 오로지 스스로의 힘으로 자신의 고치를 만들어야 한다. 애벌레는 고치 안에서 매일매일 천천히 변해 가고, 어느 날 나비가 되는 것이다. 다른 생명체가 이 과정에 끼어들어서 그 속도를 올리려 한다면 나비는 상처를 입게 될 것이다.

사람들은 인간의 자연스런 성장을 인위적으로 앞당길 수 있다고 생각한다. 그래서 자신의 방식을 다른 사람에게 강요하기도 하는 것이다.

사람이 사람에게 줄 수 있는 최고의 선물은 있는 그대로의 모습을 받아들여 주는 것이다.

애벌레는 때가 되면 고치를 만들고 스스로의 방식으로 나비가 되었다는 것을 기억하라. 그것을 다른 사람에게 적용해야 할 것이며, 또한 당신 자신에게도 적용해야 함을 잊어서는 안 된다.

진정한 안정은 당신 자신에게 있다. 당신은 자신이 할 수 있다는 것을 알고 있다. 그렇다면 다른 사람들은 그걸 당신에게서 빼앗아 갈 수 없다.
매 웨스트

　　남들과 다르다는 것은 무엇을 의미할까. 그것은 어떤 느낌일까. 가끔씩은 다른 사람들과 다르게 행동하고 다르게 보이는 것도 괜찮지 않은가? 당신은 아마도 사람들의 무리 속에 섞여 들어가는 것이 더 안전하다고 느껴질 것이다. 엄지손가락처럼 삐져나오고 싶지 않을 것이다.

　　그러나 다른 사람들이 생각해 내지 못하고 해 보지 못한 새로운 일들을 해냈을 때 당신을 남들과 다르다고 할 수 있다.

　　단지 남들이 하는 것만 하면서 인생을 보낼 수는 없지 않은가. 무리로부터 두드러져 보이기 위해, 혹은 남들과 다른 것에 익숙해지기 위해 가끔씩은 작은 일들을 다르게 해 보는 것도 좋은 연습이 된다.

　　아무도 감히 시도하려 하지 않는 것을 당신이 시도했을 때 당신 자신은 성큼 변화할 것이며, 더 좋은 세상을 위해 일조를 하게 될 것이다.

풍부한 기회를 얻으려면 더 먼 길도 여행해 보라.
많은 세일즈맨들이 즐겨 찾는 그 길 말고.
MDRT 명사 강연록

과거의 잘못과 실수에서 벗어나지 못하는 사람의 열등감을 고쳐 줄 수 있는 이는 세상에 단 한 사람, 자기 자신뿐이다.

또 그것을 해결하는 방법은 다음과 같은 말을 되새기는 것이다.

"돌이킬 수 없는 과거는 잊어버려라!"

자신의 결점만을 지나치게 걱정해 부끄러워하거나 주저하는 것은 일을 추진하는 데 있어서 전혀 보탬이 되지 않는다. 무언가 마음에 걸리는 일이 떠오르면 즉시 다른 일로 생각을 돌려 정신을 환기시켜라.

다른 사람과 대화를 나눌 때는 화제 이외의 일은 일절 염두에 두어서는 안 된다. 상대방이 당신의 형편을 어떻게 생각할지, 당신의 이야기에 어떤 판단을 내릴지 따위에 신경을 쓰지 말아야 한다. 생각의 곁가지들은 모두 쳐내고, 앞으로 해 나가야 할 일들만 떠올리는 데도 시간이 모자라다.

한 가지 일, 즉 가장 중요한 일에 온전히 집중하여
마무리하는 능력은 성공의 필수 요소 중 하나이다.
브라이언 트레이시, 『사업성공의 길』

누구도 넘을 수 없는 장벽

지금부터 100년 전의 영국은 뿌리 깊이 박힌 계급제도에 의해 움직였던 나라다.

구둣방 집 아들은 구두 수선공이 되는 것이 당연했고, 빵집 아들은 빵집 주인이 되는 것으로 생각하는 것이 상식이었다.

이런 사회적 환경 속에 부모를 일찍 여의고 구두 수선을 업으로 하는 숙부 밑에서 살던 데이비드 로이드 조지는 아이들의 놀림감이 되기 일쑤였다.

"야, 구두 수선공 조지! 멍청한 구두 수선공 주제에 넌 너무 건방져!"

아이들은 항상 이런 말을 내뱉으며 그에게 싸움을 걸었고 때렸다.

그날도 그런 날 중의 하루였다.

자신을 실컷 때리고 놀리며 도망치는 아이들을 보며 약이 올라 처음으로 눈물을 터뜨린 조지는 흐르는 냇물을 바라보며 하늘을 향해 큰소리로 외쳤다.

"젠장, 난 절대 구두 수선공이 되지 않을 거야. 꼭 위대한 사람이 되어 사람들에게 본때를 보여 주겠어."

결심을 한 조지는 작은 칼로 자신의 마음에 결심을 새기듯 냇물이 흐르는 돌다리 난간에 자신의 이름을 뜻하는 D. L. G.의 세 글자를 새겨 넣고 집으로 향했다.

그 후 몇 년의 세월이 지나갔다.

정치가가 되겠다는 야망을 가진 조지는 일에 지친 몸으로 밤에는 독학을 계속했다. 그리고 좌절하거나 힘든 일이 생길 때마다 다리에 새겨진 자신의 이름을 어루만지며 다시 한 번 주먹을 불끈 쥐곤 했다.

그가 바로 나중에 영국의 총리가 된 로이드 조지이다.

천한 신분에도 불구하고 총리의 자리에 올라 많은 사람들에게 가능성의 등불을 심어 준 사람이 된 것이다.

그 돌다리 난간에는 지금도 그가 새긴 세 글자가 희미하게 남아 있다고 한다.

생활환경이나 신분은 이길 수 있는 장벽이다. 그 누구도 넘을 수 없는 장벽이 있다면 그건 스스로 포기하는 마음이다.

부지런한 사람만이 휴식의 기쁨을 누린다

오직 부지런한 사람만이 휴식의 기쁨과 여유로움을 마음 껏 누릴 권리가 있다. 맡은 일을 제대로 못 끝낸 사람은 쉬면 서도 마무리 짓지 못한 일에 생각을 빼앗기기 때문에 온전한 여가를 즐기지 못한다. 안락한 잠자리 역시 하루를 성실히 보낸 사람만이 누릴 수 있는 특권이다.

몸을 귀하게 여긴다고 해서 그 인생까지 편안해지지는 않 는다.

제 손으로 흙 한 줌 나르려고 하지 않는 사람에게 무슨 미 래가 있겠는가. 구르는 돌에 이끼가 끼지 않듯이 열심히 노 력하는 자에게는 불행의 그림자가 따라붙을 틈이 없다.

천천히 가는 것을 두려워 말고, 멈춰 서 있는 것을 두려워하라.
MDRT 명사 강연록

 어제의 나와 비교하라

다른 사람의 잘잘못을 찾는 데는 눈을 크게 뜨면서 정작 자신을 아는 데는 게으른 이들이 있다. 행복의 조건은 사람마다 다 다르기 때문에 진지한 반성과 성찰 없이는 더 나은 삶이란 있을 수 없다. 자기를 비평하는 데 익숙한 사람만이 자신을 발전시킬 수 있다.

현명한 사람은 스스로에게 질문을 던지곤 한다.

"나는 지금 어디에 있는가?"

"내가 진정으로 원하는 삶이란 무엇인가?"

이렇게 자신을 되돌아보고, 미래의 나날을 그려 나간다.

어제의 나는 가장 좋은 비교 대상이다. 일정한 시간이 흐른 뒤 지금의 모습을 비판하면서 성취도와 지성의 깊이, 정신력 등을 살펴보는 것이 바람직하다. 그렇게 함으로써 지금 당신의 인격을 온전한 시각으로 고스란히 엿볼 수 있고, 눈앞에 놓인 인생의 긴 여로를 끝까지 잘 이끌어 나갈 수 있는 것이다.

다른 사람과 자신을 비교하지 마라.
당신이 가진 잠재력과 자신의 현재 모습을 비교하라.
MDRT 명사 강연록

버릴 것을 아는 것이 중요하다

사람들은 대부분 자기가 얻는 것에는 민감하지만 버려야 하는 것에는 무관심하거나 인색하다. 그러나 버리는 것을 잘 하는 것이 무엇보다 중요하다. 화단에 자라는 잡초를 뽑아 버려야 화초가 잘 자라는 것과 같은 이치다. 잡초가 보기 좋다거나 귀찮아서 그대로 두면 화초가 제대로 자라지 못해 아름다운 꽃이나 열매를 맺을 수 없게 된다.

또한 좋은 기회가 오더라도 옳지 않다거나 떳떳하지 못할 때에는 과감하게 포기하는 것이 좋다. 그것이 더 나은 삶을 사는 길이며 뜻하지 않은 불이익을 피하는 길이다.

한꺼번에 모든 일을 처리할 수 없을 때에도 버려야 한다. 모든 것을 챙기려고 욕심을 낸다면 그중 어느 것 하나도 제대로 얻지 못할 것이다.

사과꽃은 사과를 만들기 위해 있으니, 사과가 열릴 때 꽃은 떨어진다.
카비르, 『예언자』

당신 자신을 기쁘게 하라

프랑스의 인상파 화가 르누아르는 처음 화단에 나왔을 때 많은 사람들로부터 재능이 없으니 미술을 포기하라는 충고를 들어야 했다. 그러나 그는 남들이 비웃거나 말거나 신념대로 창작에 몰두하였고 마침내 위대한 거장이 되었다.

그는 말년에 손에 류머티즘이 걸려 많은 고생을 했다. 어느 날 마티스가 그를 찾아와 그렇게까지 고통을 참으며 그림을 그려야 할 이유가 있는지 물었다.

르누아르는 천천히 대답했다.

"고통은 지나가지만 아름다움을 창조하는 기쁨은 남아 있기 때문이지요."

기쁨을 느끼지 못하면서 하는 일은 육체적인 고통보다 더한 고통을 준다.

골치 아픈 문제에 부딪치더라도 즐거운 마음으로 일하라. 인상을 찡그리며 일했을 때보다 훨씬 좋은 결과가 나오기 마련이다.

인생을 풍요롭고 아름답고 선한 것으로 생각하고 마음껏 즐기면
행복은 이미 당신 손 안에 있다.
P. 호지스

왠지 모르게 끌리는 사람이 있다. 예쁘고 잘 생기고를 떠나 무엇 하나라도 더 주고 싶은 호감을 지닌 이들은 어디에고 있다. 매력은 상대방의 경계심을 무너뜨리는 무장하지 않은 훌륭한 개성이다. 또한 미소와 어우러질 때 다른 사람과의 관계를 완벽하게 이끌어 준다.

매력 넘치는 카멜레온이 되어라.

당신의 타고난 재능에 부드러운 미소와 유창한 언변을 덧입혀라.

매력이 없는 사람은 조잡해지기 쉽다.

매력은 뜻밖의 불행에도 당신에게 도움의 손길이 되어 줄 것이며, 나아가 우리 모두를 조율해 줄 것이다.

오! 그대의 가슴에 그 보석이 있네.
왜 다른 곳에서 찾아 헤매는가?
일본 선어禪語

자립심을 가진 사람이 되어야 한다. 아무 까닭도 없이 남에게 의지하여 예속된다면, 그 순간 당신은 구걸하는 거지나 마찬가지가 된다.

당신이 홀로 서는 것만큼이나 중요한 것은 다른 사람 또한 당신에게 의지하지 못하게 하는 일이다.

만일 아끼는 후배가 당신에게 의존하려거든, 그들 스스로 배를 저어 멀리 나아갈 수 있도록 자극하라. 당신 자신이 진 짐만으로도 당신은 충분하다.

그리고 명심해야 할 것은 교활한 친구, 즉 당신으로 하여금 자신을 의지하게 만들어 놓고, 이를 이용해서 당신을 조종하려는 자들을 경계해야 한다는 것이다.

자신에게 명령하지 못하는 사람은 남의 명령을 들을 수밖에 없다.
F. W. 니체

한국인의 '걱정'

한국인이 일상생활을 하면서 가장 많이 드러내는 마음은 무엇일까? 어느 심리컨설팅 회사에서 조사한 설문에 따르면 한국인이 가장 많이 드러내는 마음은 기쁨도 슬픔도 아닌 바로 '걱정'이었다고 한다.

지구상의 그 어느 나라 사람보다 한국인은 '한'도 많고 '걱정'도 많은 민족인 것 같다. 세상에 아무런 부족함 없이 행복하게 잘 살 것 같은 사람에게도 아무도 모르는 걱정은 있기 마련이다. 이처럼 우리는 일상사에서 일 걱정, 건강 걱정, 자식 걱정, 돈 걱정 등 이루 헤아릴 수 없이 많은 걱정 속에 둘러싸여 하루하루를 불안하게 살아간다.

하지만 우리가 하는 '걱정'의 대부분은 '걱정할 만한 거리'도 못 되는 정말로 하찮은 기우杞憂에 불과한 것들이다. 미국 매사추세츠 종합병원의 조지 월턴 박사는 『1% 걱정만 줄여도 인생이 바뀐다』는 책에서 우리가 걱정하는 것들의 대부분은 현실적으로 별로 걱정할 만한 것들이 아니라고 말한다. 그러면서 이러한 쓸데없는 걱정으로 인해 우리는 현실의 행복을 방해 받으며 노심초사하는 삶을 끙끙대며 살고 있다고 한다. 나중에 돌아보면 별 것 아닌데, 막상 걱정이 몰려오는 순간에는 다른 생각을 전혀 떠올리지 못하고 걱정에 빠져 든다는 점이 문제라는 것이다.

실생활에서 어쩔 수 없이 닥치는 걱정거리를 만나게 되면 우선 답답한 마음을 진정시키기 위해 크게 세 번 심호흡을 하라. 이때 숨이 막혀 답답할 때까지 깊게 참는 것이 좋다. 그러다 더 견딜 수 없을 때쯤 '휴우' 하고 내쉰다. 이렇게 몇 번을 하고 나면 마음의 응어리가 싹 가시면서 기분이 그렇게 후련할 수가 없다. 다음으로 지금 당신 앞에 닥친 걱정거리가 무엇 무엇인지 종이에 일일이 적어 보도록 하라. 종이에 적힌 걱정거리들을 하나하나 마주 보며 이것이 실제로 걱정할 만한 결과가 발생할 위험도가 얼마나 되는지 곰곰이 따져 보라. 이렇게 일일이 걱정에 맞서다 보면 의외로 당신이 걱정하고 있는 것들이 실은 하찮은 기분에 불과했다는 것을 깨닫게 될 것이다. 물론 진짜로 위험한 결과를 초래할 만한 일이라면 현실적으로 가능한 대비책을 세워 놓고 걱정에 맞서 해결 방안을 모색해 보아야 할 것이다.

걱정은 문제를 해결해 주지 못한다. 밤새 걱정해도 결과는 마찬가지다. 속만 탈 뿐이다. 그럴 시간이 있으면 체계적으로 대안을 찾아보라.

가만히 앉아서 기다리기만 해서는 절대로 기회를 잡을 수 없다. 하고 싶은 일, 해야만 하는 일 중에 어느 것 하나라도 잡아서 지금 당장 시작하라! 자신에게 부족한 부분이 있다면 도움의 손길을 요청해도 좋다. 보고, 듣고, 느낀 것을 즉시 자신의 생활에 적용시켜 보아라.

무엇이라도 좋다. 망설임을 떨쳐 버리고 지금 바로 행동하라! 새로운 일을 시작하면 어느덧 부정적인 마음은 눈 녹듯 사라지고 몸 속 어디에선가 강력한 에너지가 솟아나는 것을 느끼게 될 것이다. 아무리 어려운 숙제도 조금씩 풀어 나가다 보면 어느 순간 끝에 도달하게 된다.

기회는 앞장서서 행동하는 자가 거머쥔다. 뒤따라가는 자는 절대 잡을 수 없다. 또한 그 기회는 결코 다른 사람이 대신 만들어 줄 수 없다. 오로지 당신 자신만이 만들 수 있다.

열과 성을 다해 자신의 인생을 더 나은 방향으로 가꾸어 가는
인간만의 고유한 노력, 나는 그것보다 더 아름답고 용기를 주는 것을 알지 못한다.
H. D. 소로

물 같은 융통성이 처세의 으뜸이다

　자신의 의견만을 고수하여 관철시키려 들어서는 안 된다.
어리석은 사람이 자신의 단점을 보지 못하는 법이다.

　융통성은 세상을 살아가는 데 필요한 처세의 으뜸이다. 길
따라 흐르는 강물을 보라. 계곡을 만나면 폭포가 되고 평지
를 만나면 잔잔한 호수가 되며 바다를 만나면 거센 파도에 합
류한다.

　자신의 중심을 잃지 않으면서도 세상과 균형 있게 어울리
는 것은 참으로 이상적인 상태이다. 그러면서도 다른 사람과
의 온정 넘치는 분위기를 유도하는 것은 세상을 살아가는 묘
미이다.

물보다 더 부드러운 것은 없다. 그러나 물은 온 세상을 뒤덮어 버릴 수도 있다.
MDRT 명사 강연록

평범함 속에서 참신함을 가져라

널리 이름난 지도자의 명성도 세월 앞에서는 사라지는 연기와 같다.

사람들은 이미 많이 알려진 것을 경외하지 않는다. 평범함 속에서도 참신함을 가질 때, 기존의 것을 뛰어넘어 발전을 기대할 수 있는 것이다. 그러므로 당신은 오랫동안 추구해 온 습관을 환기시키고 정신력을 늘 새롭게 해야 한다.

배역이 달라질 때마다 낯선 무대 위에서 능숙한 연기를 펼치는 배우의 역할을 숙고할 필요가 있다.

지금껏 이루지 못한 일을 이루려면 지금까지와는 다른 사람이 되어야 한다.
다시 말해 지금껏 몰랐던 사실을 배워야 한다.
레스 브라운

좋은 습관은 인생을 바꾼다

누구나 같은 행동을 되풀이하면 습관이 생기기 마련이다. 아침에 일찍 일어나는 습관이 생기면 누가 깨우지 않아도 저절로 일찍 일어나게 된다.

습관은 당신의 인생에서 대단히 중요한 의미를 갖는다. 습관으로 인해 좋은 성격을 만들게 되면 당신은 언제나 성실하며 부지런한 행동을 할 수 있다.

결국 좋은 나무는 좋은 열매를 맺고 부실한 나무는 열매도 부실하다.

좋은 습관은 당신이 꿈꾸는 성공을 가져다줄 수 있다.

성공하는 사람은 실패자가 싫어하는 일을 습관적으로 실천한다.
토머스 에디슨

영원한 것은 없다, 이것이 진리이다

변화를 빠르게 받아들이는 사람은 오늘의 친구가 내일의 원수가 될 것을 알고 있다. '어려울 때 친구가 진짜 친구다.'라는 말처럼 상황이 좋을 때만 아군인 척하는 자들은 언젠가는 실망을 안겨 주게 되어 있다.

원수의 손에 장전된 총을 쥐어 주는 바보가 어디 있겠는가.

의심스러운 동료와 동침할 때에는 어떤 실망이라도 감수할 만한 마음의 방을 따로 만들어 두어라.

배반당한 뒤의 후회는 아무런 소용이 없다. 그릇된 신뢰는 부메랑처럼 당신을 위협할 것이다.

신은 그의 사원이 사랑으로 건축되기를 바란다.
그러나 사람들은 벽돌을 가지고 온다.
라빈드라나드 타고르

불안해지지 않으려면 준비하라

아직 일어나지도 않은 불확실한 일에 대해서 미리 걱정할 필요는 없다. 그런 걱정은 불필요한 것이다. 그러나 불안과 준비는 전혀 다른 문제이다. 혹시라도 불안한 마음에서 무언가를 준비한다면 그것은 오히려 좋은 결과를 가져온다. 미리 준비를 한 사람은 불안해지지 않기 때문이다.

당신이 어떤 일에 그저 불안해하기만 한다면 그것은 몸과 마음을 소모하고 당장 해야 할 일에 지장을 줄 뿐이다.

당신이 가지고 있는 걱정 중 대부분은 현재의 일이 아니라 불확실한 미래에 대한 것이다. 미래에 대한 대비를 철저히 함으로써 불필요한 걱정을 씻어 버려라.

준비를 위해 쓰인 시간은 실패에 대비해 들어 둔 보험이다.
MDRT 명사 강연록

'나다움'을 되찾는 휴식

희뿌연 새벽안개가 채 걷히지 않은 숲길을 걸어 보라. 하늘 높이 오른 전나무 사이로 스며드는 풋풋한 아침 공기가 상쾌함을 더해 줄 것이다. 평소 느끼지 못했던 야생의 비릿한 살내음을 맡을 수 있다. 자연은 세파에 길들여진 당신의 마음을 활짝 열어 줄 더없이 맑고 깨끗한 마음의 쉼터를 제공한다.

자연 속에 있을 때 우리는 불현듯 자기 자신을 돌아보게 된다. 일상 속의 소소한 행복마저도 맛보지 못한 채 너무 앞만 보고 달려 온 것은 아닌지, 너무 빠르게 지나쳐 버린 것은 아닌지……. 문득 자기 자신으로부터 지나치게 멀어졌을 때 느끼는 세상살이의 고단함과 지겨움, 바쁘다는 핑계로 애써 잊고 지나쳐 온 사람들과의 서먹함이 우리의 마음을 한없이 가난하고 초라하게 만든다.

이제 우리는 진정한 '나다움'을 되찾기 위해서 몸과 마음을 쉬는 시간을 가져야 한다. 일과 휴식은 동전의 양면과 같다. 휴식은 더 나은 삶, 보다 활기찬 내일을 위한 충전의 시간이자 자신의 내면에 맞닿는 만남의 시간이다. 그러한 휴식의 시간은 어떻게 만들어 가면 좋을까?

우선 휴식은 자연과 함께 호흡할 수 있는 것이어야 한다. 우리 주변에 산재해 있는 동네 뒷산과 오솔길, 가까운 근교 들판, 집 앞 공원 등 되도록 흙을 가까이서 체험할 수 있는 쉼터를 자주 찾는 것이 좋다. 이것이 외롭고 지친 현대인들이 휴식을 가장 쉽고 친근하게 누릴 수 있는 방법이다. 휴식은 근본적으로 자신의 정체성을 밝히는 따듯하고 원시적인 삶의 태도이다.

결국 휴식은 경직되어 있는 당신의 몸과 마음을 자연으로 되돌려 놓는 일이며 자기 주위의 모든 것들과 조화를 이루는 것이다. 더불어 자기 안에 있는 생명의 자연스러운 리듬, 그 호흡을 되찾는 길이다.

오늘보다는 내일을 생각하라

오늘보다는 내일, 내일보다는 먼 미래를 생각하라.

현재에 안주하는 사람은 더 이상 성장할 수가 없다. 미래를 위한 계획을 세우고, 그 계획에 따라 끝없이 도전하는 사람에게만 성공할 자격이 주어지는 것이다.

모든 성공을 꿈꾸는 사람들은 하루하루를 바쁘게 보내고 있다. 이렇듯 뚜렷한 목표를 가지고 열심히 일하는 사람은 결코 성장을 멈추지 않는 법이다.

인간의 삶은 고난의 연속이다. 성공은 고난이란 험한 산을 넘은 사람에게만 주어지는 값진 선물이다. 작은 산을 넘으면 더 큰 산이 기다리고 있기 마련이다. 그러므로 누구나 쉽게 넘을 수 있는 산 하나를 넘었다고 해서 더 이상 다른 산에 도전하지 않는다는 것은 어리석은 일이다.

언제나 도전의 끈을 놓지 말고 또다시 도전하라. 성공할 수 있을 것이다.

현재는 결코 우리의 목적지가 아니다.
과거와 현재는 수단이며, 미래만이 우리의 목적이다.
MDRT 명사 강연록

# 하루를 마무리하는 시간을 가져라

당신의 하루는 바쁘고 힘든 일과의 연속이었을 것이다. 이럴 땐 푹 자고 싶을 것이다. 그러나 단 몇 분만이라도 그날 하루를 조용히 되돌아보라.

귀찮다고 해서 그대로 잠자리에 들어간다면 그 하루는 아무런 의미도 지니지 못한다.

오늘 당신의 행동에 문제는 없었는지, 실수의 원인은 무엇인지, 내일 꼭 해야 될 일은 어떤 것이 있는지 체크하다 보면 당신은 보다 나은 하루로 마무리할 수 있고, 새로운 내일을 준비할 수 있다.

하루 24시간 중에서 단 5분이 당신의 인생에 몇 배의 성과를 가져다줄 수 있는 것이다.

내일을 위한 가장 좋은 준비는 오늘을 잘 활용하는 것이다.
MDRT 명사 강연록

삶의 행복은 얼굴에서 결정된다

아침에 눈을 뜨면 제일 먼저 웃는 얼굴로 배우자에게 아침 인사를 건네라. 상대방 또한 기쁜 마음으로 미소를 지으며 화답할 것이다.

매일 아침 출근할 때에도 만나는 사람들과 밝은 미소로 인사를 나누어라. 그들도 기쁜 얼굴로 인사를 건네 올 것이고, 즐거운 마음으로 하루를 시작할 수 있다.

한 번도 본 적이 없는 사람들에게도 딱딱하게 굳어 있는 표정보다 밝은 미소가 좋음은 두말할 나위가 없다. 기분 좋은 웃음 바이러스는 전염성이 강해서 상대방도 다정한 미소로 당신을 반겨 줄 것이다.

잔뜩 화가 난 얼굴로 항의를 해 오는 사람이 있다면 흥분을 가라앉히고 차분한 얼굴로 상냥하게 대하라. 그러면 상대방 역시 분노를 누그러뜨리려고 노력하게 되므로 서로의 문제점을 해결하기가 한결 쉬워진다.

명심하라. 삶의 행복은 당신의 얼굴에서 결정된다.

만족하게 살고, 때때로 웃으며, 많이 사랑한 사람이 성공한다.
스탠디

# 웃어라, 웃는 자에게 행운이 깃든다

행복의 조건은 젊고, 아름답고, 부유하고, 세상 사람들의 존경을 받는 것보다는 당신의 마음가짐에 달려 있다. 행복할 마음의 준비를 갖추는 것, 즉 실제로 쾌활한 기분을 갖고 있는가 없는가의 여부에 따라 달라지는 것이다.

이것은 지극히 단순한 논리인 것 같지만, 그 속에는 거스를 수 없는 진리가 담겨 있다.

한가득 웃는 얼굴을 떠올려 보라. 행복한 자가 웃는 것이 아니라, 잘 웃는 자가 행복하다는 것을 명심하라.

그러므로 우리는 언제라도 '상쾌함'을 맞아들일 수 있도록 문을 활짝 열어 두어야 한다. '상쾌함'만은 어느 때 찾아와도 지나침이 없는 것이다.

사랑을 한다면 결코 후회 없이, 춤을 춘다면 아무도 지켜보지 않는 듯이, 성공하고 싶다면 마음에서 우러나서 일을 해야 한다.
앤드류 매튜스

5장 | 인생이 달라지는

속도를 줄이면
보이는 것들

속도를 줄이면 속도를 낼 때는 미처 보지 못했던 소중한 것들을 볼 수 있다. 속도를 줄이고 천천히 지나가면서 보게 되는 집과 마주치는 사람들은 평소와는 전혀 다른 느낌으로 다가온다. 미친 듯이 속도를 낼 때마다 느끼던 조마조마한 마음도 속도를 줄이면 느긋하고 편안한 마음으로 바뀌게 된다.

느리게 살기 문화는 우리 사회에서 크게 세 가지 정도로 나타나고 있다. 첫째는 인생 자체를 느리게 살고자 하는 이들의 삶의 형태다. 흔히 '다운시프트족(Down Shift: 자동차를 저속기어로 변환한다는 뜻으로, 인생의 속도를 줄이기 위해 가급적 생활 패턴을 여유롭게 바꾸어 삶의 만족도를 높이고자 하는 사람들)' 이라고 불리는 사람들의 행동이 뜻있는 사람들에 의해서 차츰 우리 사회의 건강한 생활 문화로 서서히 각광을 받고 있다.

둘째는 음식 문화의 한 형태로 나타나는 느리게 먹기 운동이다. 흔히 '슬로푸드 운동'이라고 불리는 이 문화를 통해 우리는 비로소 음식을 제대로 먹고, 느끼면서 먹고, 음미하면서 먹고, 음식의 맛과 영양, 그리고 식사의 즐거움을 만끽하면서 먹는 방법을 주체적으로 하게 되는 것이다.

셋째로 철학적인 측면에서 대두되고 있는 '느림의 철학'이다. 느리게 사는 문화의 한 형태로 나타난 느림의 철학을 현대인의 이상적인 정신세계로 받아들여야 한다는 것인데, 우리나라에서는 몇 년 전 프랑스의 유명 에세이스트 피에르 쌍소의 『느리게 산다는 것의 의미』라는 책이 초미의 베스트셀러가 되면서 느림의 철학이 일반인들에게 가깝게 인식되기 시작했다.

우리가 인생을 살아가다 보면 군데군데 삶의 갈림길이 너무도 많이 등장해 본의 아닌 선택을 강요하곤 한다. 이때 가장 중요한 삶의 태도는 결국 '나를, 세상을 어떻게 이해하는가?'에 있을 것이다. 여기서 가장 중요한 것이 바로 자신만의 철학을 갖는 것이다. 그런 의미에서 '느림의 생활'은 곧 '자신을 제대로 바라보고 자신이 하고자 하는 것들을 조용히 실천하는 나로부터의 작은 혁명'이다.

운명을 앞서서 고민하지 마라

현명한 사람은 단 한 번의 카드 게임에 모든 재산을 거는 짓은 하지 않는다.

실패는 항상 존재하기 마련이다. 그것은 우연히 발생하는 일이 아니다. 당신에게 어떤 기회가 주어졌다면, 위험성이 높을수록 거듭 생각하라. 그리하여 실패로 좌절감을 맛보지 않도록 아주 천천히, 침착하게 대처해 나가라. 운명에 대하여 미리부터 고민할 필요는 없다.

불운을 만회할 내일은 항상 마련되어 있다. 비록 지금 하고 있는 게임에서 지더라도 신중함과 분별력을 가지고 있다면, 얼마든지 다음 기회를 당신 것으로 만들 수 있는 것이다.

어리석은 사람은 행복을 먼 곳에서 찾지만,
지혜로운 사람은 스스로의 노력으로 행복을 만들어 간다.
J. 오펜하임

사소한 것에 관심을 가져라

위대한 발명도 아주 사소한 계기로 이루어진다. 보잘것없는 것을 눈여겨보는 지혜야말로 성공의 요인이 되는 것이다.

현실에서 행운이 저절로 굴러 들어오는 일은 매우 드물다. 당신이 먼저 손을 내밀어 잡아당겨야만 하는 것이다. 그래서 모든 것을 눈여겨보고 새로운 것에 대한 아이디어를 생각하는 것이 당신 혼자서 생각하는 것보다 큰 성과를 가져다준다.

뉴턴에게 떨어지는 사과 한 개가, 라이트 형제에게 날아가는 새 한 마리가 큰 의미를 가졌듯이 보고 느끼는 것에 대한 당신의 태도에 따라 사물은 실제 의미 이상의 것을 선사한다.

당신은 일상 속에서 무수히 많은 기회를 만날 것이다. 그 기회를 잡느냐, 잡지 못하느냐의 문제는 전적으로 당신의 안목에 달려 있다.

인간에게는 새로운 것을 알고자 하는 호기심이 있으므로
일단 전진하면 언제나 새로운 문이 열리고 새로운 일을 할 수 있게 된다.
W. 디즈니

완벽주의는 시야를 가린다

성공하려는 사람은 무엇보다도 넓은 시야를 가져야 한다. 그런데 모든 일을 완벽하게만 하려다 보면 앞으로 닥쳐올 큰 일을 예상도 하지 못한 채 작은 일 하나에 매달려 세월을 보내고 말게 된다.

세부적인 일은 필요에 따라 좀 더 주의를 기울이는 것으로 충분하다. 물론 그 일이 어느 정도의 중요성을 가지는가에 대한 판단은 꼭 이루어져야 한다.

당신은 불확실성의 시대에 살고 있다. 그러나 완전주의를 추구하다 보면 이러한 불확실성을 거부하게 되기 마련이다. 인생에 있어서 피할 수 없는 기복마저 인정하려 들지 않게 된다.

현실을 인정하지 않다 보면 삶은 결코 순조롭게 진행될 수 없다.

강박이나 극단으로 가는 완벽주의는 버려라.

쉬운 일은 어려운 듯이 하고, 어려운 일은 쉬운 듯이 하라.
B. 그라시안 이 모랄레스

주관적인 감정을 기준으로 삼지 마라

당신은 남에 대해서 너무나 쉽게 단정 짓지는 않는가?

좋고 싫은 감정은 사람에 따라 다를 수 있다. 그러나 뚜렷한 근거도 없이 막연히 자기감정에만 치우쳐 상대를 판단하는 것은 문제이다. 당신의 주관적인 감정을 기준으로 일을 진행하는 것도 결과가 좋을 수는 없다.

사람에 대한 판단이든 일에 대한 판단이든 먼저 객관적인 기준이 앞서야 한다. 만약 그것이 불가능하다면 사람은 겪어본 후에, 일은 여러 가지 결과를 토대로 판단하는 습관을 길러라.

당신이 만일 행복하지 못하다면 당신의 말, 행동,
그리고 생각의 99%가 당신 자신을 위한 것이기 때문이다.
W. W. 웨이

고민은 대화로 잊어라

사람은 누구나 크고 작은 고민을 안고 살아간다. 고민을 당신의 마음속에 담아 두면 병이 되지만 밖으로 드러내서 해소하면 오히려 값진 교훈으로 남는다.

어떤 사람은 고민을 잊기 위해 일에 열중하기도 한다. 그러나 고민이라는 응어리 자체가 사라질 수는 없다. 대개의 고민은 자신에 대한 자책감이 동반되는 것이기 때문에 자기 자신에게 용서와 관용을 베풀 줄 알아야 한다. 이때 도움이 되는 것이 바로 고민을 듣고 공감해 주는 사람들이다. 대화로 고민을 드러냈을 때 자신을 좀 더 잘 이해하고 평정을 빨리 되찾을 수 있게 된다.

혼자 고민을 안고서 자기감정의 학대에 빠지지 마라. 당신의 고민을 남에게 이야기하는 방법을 택하라.

어떠한 일을 결정 내리기 전에 배움과 성장에 도움이 될 만한 사람을 찾아 조언을 구하라. 미지의 가능성을 부정적으로만 바라보는 사람은 조언자가 될 자격이 없다.
수잔 제퍼슨

말해야 할 때와 침묵해야 할 때를 가려라

다른 사람들과 조화를 이루기 위해서는 다른 사람들이 내는 소리에 따라 조율을 할 줄 알아야 한다. 가끔 사람들은 혼자 있고 싶어한다. 생각을 하기 위해서나 문제를 해결하기 위해서, 또는 그저 조용히 있고 싶어서 가끔씩 혼자 있을 필요를 느낀다.

함께 생활하는 구성원들의 리듬을 유심히 살펴보면, 그들이 혼자, 혹은 조용히 있고 싶어하는 때를 알 수 있다.

의사소통을 잘하는 방법 중의 하나가 바로 말을 걸지 말아야 할 때를 아는 것이다.

가장 좋은 말은 오래 생각한 끝에 한 말이다.
그렇기 때문에 사람이 말을 할 때는 침묵보다 더 좋은 것이어야 한다.
아라비아 속담

걷기의 미학

인구에 회자되는 위대한 사상가들은 하나같이 잠깐의 시간이 허락될 때마다 걷고 또 걸으면서 생각하는 시간을 많이 가졌다. 괴테나 아우렐리우스, 소크라테스 같은 철학자들이 대표적으로 '걸으면서 사유했던 사람들'이라고 할 수 있다. 그중 소크라테스는 당시 일군의 철학자들과 함께 '소요학파逍遙學派' 철학자라는 별칭을 얻기도 했다.

이처럼 걷는 동작은 보기에 따라서는 아무것도 아닌 지극히 일상적인 행위에 불과할 수도 있지만 여기에 자신만의 의미를 붙일 경우 결코 가볍게 보아 넘길 수 없는 훌륭한 휴식법이 될 수 있다. 당신이 아무런 생각 없이 무조건 걷는 동안에도 당신 몸에서는 믿기 어려울 정도로 신진대사가 활발하게 이루어진다. 그저 아무 생각 없이 하염없이 걷다 보면 예기치 않았던 때에 놀라운 창조적 발상이 떠오르기도 한다. 하지만 그런 놀라운 경험을 기대하지 않더라도 그저 발길 닿는 대로 하루에 30분 정도만 여기저기를 쏘다녀 보라. 신기하게도 여유와 재미 속에 푹 빠져 드는 당신 자신을 발견하게 될 것이다.

잠시 골치 아픈 회사일 따윈 잊어버리고 그냥 발길 닿는 대로 무조건 아무런 생각 없이 걸어 보라. 그렇게 무턱대고 걷다 보면 불합리한 현실에 대처하는 노하우도 떠오르게 되고, 기발하고 독특한, 창의적 발상이 당신의 머릿속에 찾아들 것이다.

그렇게 걷다가 떠오르는 막연한 사람(혹은 사물)과 얘기를 나누다 보면, 너무나 소중한 생각이 불쑥 떠오름을 경험할 수 있을 것이다. 그저 자기만의 정서적 느낌을 풀어 놓을 수 있는 당신만의 길 하나쯤 마음속으로 정해 놓고, 생각을 정리하는 길로 활용해 보라. 놀라운 결과를 체험하게 될 것이다.

상대의 말을 들어 주는 대화를 하라

현대는 대화의 시대, 설득의 시대이다. 대화란 말 그대로 상대와 내가 서로 말을 주고받는 것이다. 혼자서 떠드는 것은 설교나 강의를 할 때뿐이다. 그런 것도 아니라면 독백에 불과하다. 그런데도 대개의 사람들은 일방적으로 자기 말만 하려고 한다. 이것은 최악의 화법이다.

상대와 기분 좋게 대화할 수 있는 방법은 1분 이내로 자기 이야기를 끝내고 상대의 말을 2분 이상 들어 주는 것이다. 말을 많이 들어 줄수록 당신에 대한 상대방의 호감도 높아질 것이다. 그 이외에도 상대에게 공감하고 이해하려는 노력이 더해진다면 더할 수 없이 훌륭한 대화가 될 것이다.

명망 있는 학자와 이야기할 때는 군데군데 이해가 되지 않는 척해야 한다.
너무 모르면 업신여기게 되고, 너무 잘 알면 미워한다.
군데군데 모르는 정도가 서로에게 가장 적합하다.
노신, 「아침꽃을 저녁에 줍다」

 위로와 격려를 담아서 비판하라

사회생활을 하다 보면 상대방의 결점을 바로잡아야 할 때가 있다. 상대를 위해서나 당신을 위해서나 필요하다고 판단되면 적당한 충고나 비평을 하라.

이때 상대의 기분을 상하지 않게 하면서 비판을 받아들이게 하는 방법은 무엇일까.

첫째, 비판에 앞서 칭찬부터 하라.

둘째, 결점을 지적하는 것은 한 번만 하라.(그렇지 않으면 잔소리가 된다.)

셋째, 인간성까지 비판하지 마라.(잘못한 부분만 말하라.)

넷째, 공개적인 비판은 절대 하지 마라.

마지막으로 상대가 비판을 받았다기보다는 위로와 격려를 받았다는 느낌을 받게 하라.

이렇게 하면 당신은 상대의 결점을 고치면서 동시에 당신에 대한 존경심까지 얻을 수 있을 것이다.

선善으로 꾸짖는 것은 친구의 도리이다.
맹자

주인 의식을 가지고 일하라

어떤 일을 맡게 되었을 때 항상 보다 나은 해결책은 없는지 자신에게 수시로 질문하라. 실패하거나 실수하지 않기 위해 업무를 끝내기 전에 항상 다시 한 번 점검하도록 하라.

평소 일을 진행할 때 이러한 자세로 한다면 일에 대한 주인 의식은 자연스럽게 생겨날 것이다.

아무리 열심히 일해도 결국 공은 엉뚱한 사람에게 돌아갈 수 있다는 생각을 한다면 몇 년이 지나도 발전을 기대할 수는 없다.

지시 받은 일이라도 자기가 시작한 일인 것처럼 주인 의식을 가지고 처리하라. 언젠가는 당신에 대한 정당한 평가가 되돌아올 것이다.

책임을 지고 일을 하는 사람은
회사, 공장, 기타 어느 사회에 있어서도 꼭 두각을 나타낸다.
일의 대소를 불문하고 책임을 다하면 꼭 성공한다.
데일 카네기

동료나 부하 직원을 당신 편으로 만들어라

당신이 회사에서 원만하게 생활하면서 일도 잘하려면 우
선 상대방을 잘 다루는 능력이 있어야 한다. 이때 가장 중요
한 것은 대화의 통로부터 열어 두어야 한다는 것이다. 그 다
음은 상대방이 마음을 열지 않더라도 적의를 품어서는 안 된
다. 또한 동시에 당신이 먼저 마음을 열고 있음을 알게 해 주
어야 한다.

마지막으로 상대방의 성격적 특성을 파악하고 있어야 한다.

이 정도만 실천해도 당신의 동료나 부하 직원은 자발적으
로 당신을 도우려 할 것이다.

자기가 싫어하는 것을 남에게 베풀지 마라.
공자

상사를 당신 편으로 만들어라

까다로운 상사에게서 정보를 얻어 내기란 정말 어려운 일이다. 이럴 때는 간접적인 방법이 좋으며 가장 수월한 방법으로는 충고나 조언을 구하는 것이 있다. 상사는 조언을 구하는 당신을 간단히 물리치지 못한다. 정중하게 조언을 구함으로써 상사의 업무 능력에 대한 자부심을 부추겨라.

이때 상사는 자신의 기분을 고양시켜 준 당신에게 무의식중에 호감을 갖게 된다. 그렇게 하다 보면 대화의 물꼬는 쉽게 터진다.

그후로는 당신이 가지고 있는 정보를 먼저 제공하라. 상사도 당신을 이미 신뢰하게 되어 자신만이 가진 정보를 알려줄 것이다.

회사 생활을 원만하게 하고 일의 해결력을 높이고 싶다면 상사를 당신 편으로 만들어라.

나를 가장 잘 아는 사람을 친구로 하고,
나를 가장 잘 모르는 사람을 적으로 삼는다면, 그보다 더 좋은 일은 없다.
보니트

평소에 투자하라

평소 동료나 부하 직원들에게 해 줄 수 있는 일을 기꺼이 해 줌으로써 관심을 보여라. 힘들어하거나 어려워하는 일이 있을 때 함께 이야기하고 거들어 주는 것만으로 그들에게 관심을 확인시켜 줄 수 있다. 관심이란 구체적인 행동을 통해 뚜렷하게 표현되었을 때 상대방에게 확실하게 인식되는 법이다.

함께 지내는 사람들에게 관심과 사랑을 표현하는 일은 중요하다. 적극적으로 상대방에게 얼마나 관심을 가지고 있으며 얼마나 소중하게 생각하는지를 알게 하는 것은 서로의 관계를 깊게 해 주는 방법이다.

필요할 때 갑작스럽게 관심을 보이면 상대방에게 외면당하지만 평소의 관심은 상대방의 호의를 끌어낼 수 있다. 물질적인 투자도 중요하지만 사람에게 하는 투자도 보이지 않는 재산이다. 당장 눈에 보이지는 않지만 곧 당신에게 몇 배의 이로움을 남겨 줄 것이다.

일상생활에서 아주 작고 세밀한 부분에까지 깊은 애정과 관심을 가져,
마침내 그것을 예술의 경지에까지 끌어올리게 되는 것, 그것이 바로 행복의 비결이다.
W. 모리스

시작을 위한 **5**분

생활에 활력을 주는
자극법

삶이 즐겁고 신나고 건강하기 위해선 나태하고 지루한 생활의
반복을 피하고 신선하고 자극적이고 활기찬 생활 방식을 지향해야
한다. 건강하고 즐거운 생활도 활력이 있어야 가능하다. 항상 피곤
하고 기운이 부족하고 아침에 일찍 일어날 생각만 해도 끔찍하다
는 사람들에게 활력 있는 삶이란 요원한 꿈일 뿐이다. 생활에 활력
을 주는 신선한 자극법을 알아보자.

바다나 산으로 가 보라.

해변을 걷거나 산을 오르면 몸의 활력이 충만해진다. 도심의 찌
든 공기에서 벗어나 가끔씩 자연의 신선한 공기를 맡을 수 있는 해
변이나 산길을 걸어 보라. 깨끗하고 청정한 지역에서 뿜어져 나오
는 공기는 당신 몸 안의 혈액에 신선한 산소를 공급하고 음이온을
채워 줄 것이다. 주말에 한 번씩 자연으로 가서 도심에서 찌든 몸
을 신선한 자연의 공기로 채워 보라.

자연광을 쐬라.

하루 종일 실내에만 갇혀 인공광을 쐬지 말고 다만 몇 분이라도 밖으로 나가서 자연광을 쐬도록 하라. 햇볕을 몸에 쐬는 것은 활력 충전을 위해 필요하다. 의학계에서는 일광 요법이 겨울철에 갑자기 우울해지거나 무기력해지는 이른바 계절성 우울증을 치료해 주는 훌륭한 방법으로 알려져 있다.

좋아하는 음악을 자주 들어라.

사람은 좋아하는 음악을 들으면 본능적으로 기분 전환이 된다. 음악을 들으면 정서에 안정을 주게 되므로 자주 듣는 편이 좋다.

아침에 일어날 때 시끄러운 벨소리나 버저 소리로 기분을 상하면서 잠에서 깨지 말고 평소 좋아하는 음악을 들려주는 채널로 알람을 설정해 놓으면 상쾌한 아침을 맞이할 수 있다.

가끔은 마사지를 받아 보라.

몸 안의 기의 닫힌 문을 열어 주어 기의 균형을 맞춰 주는 것이 마사지이다. 마사지는 몸에 직접 자극을 줌으로써 반사 신경과 감각을 깨워서 중추신경계를 자극한다. 그러면 몸에 좋은 화학물질이 분비되고 면역력이 강화되어 깊은 휴식을 취할 수 있다.

밤마다 자기가 해야 할 일을 제대로 하지 못하는 악몽을 꾸는 교수가 있었다. 꿈 속에서 그는 교실을 찾지 못해 이 건물 저 건물 뛰어다니기도 하고, 강의를 시작했지만 엉뚱하게도 자신이 숲속에 있는 것을 발견하기도 했다.

그러던 어느 날 그는 일류 제과사에 관한 기사를 읽었다. 기자는 그를 인터뷰하면서 그에게 가장 두려워하는 것이 무엇인지를 물었다.

그녀가 대답했다.

"정말 말도 안 되는 소리로 들리겠지만 요리하는 법을 잊어버릴지도 모른다는 사실이 제일 두렵습니다."

교수는 위안을 느꼈다. 다른 사람들도 자신과 같은 두려움을 느끼면서 살아간다는 것을 알게 되었기 때문이다.

다른 사람도 당신과 같은 두려움을 갖고 있음을 기억하라. 그러면 기적처럼 당신이 가진 두려움이 약해질 것이다.

바다를 무서워하지 않는 사람은 머지않아 익사할 것이다.
그러나 우리는 바다를 두려워하기 때문에, 이따금씩 익사할 뿐이다.
존 밀링턴 싱

두려움을 감추지 마라

혼히 강하다고 하면, 감정을 드러내지 않고 육체적인 힘을 써서 다른 사람을 위협하는 그런 사람을 떠올린다. 그러나 진정한 힘은 있는 그대로를 드러내 보일 때 나온다. 강한 사람들은 때때로 약해지는 모습을 감추려 하지 않는다. 그것이 진정으로 내적인 강함을 지닌 사람들의 장점이다.

살아가는 동안 두려운 느낌을 숨김없이 드러낼수록 당신은 두려움을 더욱 잘 극복할 수 있다. 감정을 자연스럽게 표현하다 보면 자신에 대해 보다 더 잘 이해하게 되며, 진정으로 강한 사람이 될 수 있는 것이다.

자신의 내면에서 일어나는 열정과 욕망,
두려움을 조절할 수 있는 사람만이 진정한 주인이다.
존 밀턴

자존심을 버려라

자신은 모든 것을 다 알고 있다고 생각하는 새끼 고양이가 있었다. 사실 사포 같은 혀로 자기를 깨끗이 하는 법, 자는 법, 먹는 법, 따뜻하게 지내는 법 그리고 발톱을 날카롭게 다듬는 법 정도는 알고 있었다.

어느 날, 어미 고양이가 새끼 고양이에게 나무 타는 법을 가르쳐 주겠다고 했다. 그러나 새끼 고양이는 어미 고양이가 큰 나무에 올라갔다 내려오는 것을 그저 지켜보기만 할 뿐 배우려고 들지 않았다.

바로 그때 커다랗고 시커먼 개 한 마리가 모퉁이에서 나타났다.

사람들도 종종 이 새끼 고양이처럼 자신이 알아야 할 것은 다 알고 있다고 생각하고서는 다른 사람이 자신에게 가르쳐 주려는 것을 거부한다. 이렇게 새로운 것을 배울 수 없게 하는 자존심을 버려야 한다. 그래야 위기의 순간을 잘 넘길 수 있게 된다. 그리고 보다 많은 것을 알아야 한다는 사실도 깨닫게 된다.

허영심은 말을 많이 하게 하고, 자존심은 침묵하게 한다.
A. 쇼펜하우어

서두르지 마라

바쁘게 살아가는 사람들을 보면 할 일이 참으로 많음을 알 수 있다. 어떤 때는 그 많은 일에 갇혀 있는 것처럼 보인다. 그 모든 것을 해야 한다는 압박감 속에서 서두르다 보면 평온함을 잃을 수도 있다. 서둘러서 먹고 제시간에 일터에 도착하기 위해 서두르고 일 또한 서둘러서 한다. 그러나 지나치게 서두르다 보면 성격이 급해지고 좌절을 많이 하게 된다.

모든 일을 천천히, 충분한 시간을 가지고 한다면 지금 하는 일을 즐기면서도 발전할 수 있는 기회를 더 자주 갖게 된다.

당신이 하는 모든 일에 균형을 유지한다면 여유를 갖고 조용히 일을 완성할 수 있는 확률이 확연히 높아진다. 예정된 일을 하면서 즐거움도 느낄 수 있는 것이다.

가장 좋은 것은 조금씩 찾아온다. 작은 구멍으로도 햇빛을 볼 수 있다.
사람들은 커다란 바위에 걸려 넘어지지 않는다.
사람들을 넘어뜨리는 건 오히려 작은 조약돌 같은 것이다.
A. 코난 도일

다른 사람이 되려고 하지 마라

사람들은 간혹 다른 사람이 되고 싶어한다. 다른 사람처럼 보이면 더 인정받거나 지금의 고민에서 벗어날 수 있지 않을까 해서이다.

어렸을 때 부모님 옷을 입고 구두를 신어 보았던 적이 있는가?

그것은 마치 어른이 된 것처럼 한동안은 재미있게 해 준다. 하지만 큰 신발이 점점 불편해지고, 말아 올린 소맷자락이 계속 흘러내려 거추장스러워진다. 그리고 곧 놀이에 지쳐 흉내 내는 것을 그만두게 된다.

현재 다른 사람이 되어야 한다는 부담을 가지고 있다면 이 어린아이처럼 얼마나 부자연스럽고 힘겨울 뿐인지를 생각해 보라. 오히려 자신의 장점만 퇴색될 뿐이다.

자신 안의 강점에 초점을 맞추고 약점을 밀어내라.
MDRT 명사 강연록

 감정을 책임져라

    우리는 가끔 상대방을 자신이 원하는 방식으로 대하고 자신이 원하는 것을 하도록 한다. 그리고 그들이 혹시라도 화를 내면 그저 화를 내는 것을 지켜보기보다는 멈추게 하려 든다.

    자신이 화가 났을 때는 어떠한지 생각해 보라.

    감정은 자신만의 것이며 그 감정은 자신만이 책임질 수 있는 것이다. 주변 사람들이 당신 감정의 원인이 아니다.

    이러한 깨달음을 항상 기억해야 한다. 그래야 당신이 기분 나쁘다고 해서 다른 사람을 탓하지 않게 된다. 이는 또한 당신에게 놀라운 자유를 안겨 줄 것이다. 왜냐하면 무슨 일이 일어나든 당신에게는 자신을 행복하게 만들 힘이 있다는 것을 알게 되기 때문이다.

현명한 사람은 자기 마음을 다스릴 줄 알지만,
어리석은 사람은 자기 마음에 얽매여 노예처럼 비참하게 산다.
P. 시루스

행복지수를 올리는
실천법

당신에게 행복은 어떤 맛인가? 달콤한 장미향인가? 쌉싸름한 초
콜릿빛인가? 어떤 맛의 인생이 당신에게 적합한 행복지수일지는
오로지 당신만의 몫이다. 다만 그 행복의 조건은 스스로 만족해야
만 하고, 자기 안의 울림에 솔직하게 대답할 수 있는 그 무엇이라
면 충분히 행복한 생활이 가능할 것이다. 행복한 생활의 기본은 활
력에 있다. 당신의 일상에서 활력을 회복하는 방법은 의외로 간단
하고 단순하다.

먼저 지나친 생각의 무게를 덜어라.

우리는 너무 많은 생각을 하면서 일상을 살아가고 있다. 무언가
를 하고자 할 때 너무 많은 것을 고려하지 마라. 그저 한두 가지 하
고자 하는 일이 있다면 다른 생각은 하지 말고 그것을 실천하는 데
만 정신을 쏟아라.

가끔은 당신이 하고 싶은 일을 하라.

당신의 수입에 비해 다소 무리가 따르더라도 한 번쯤 두 눈 딱 감고 저질러 보라. 평범함 속에 감추어진 평범하지 않은 당신만의 행복을 찾아라. 그것은 새로운 생활을 발견해 내는 생활 속의 발상의 전환이다. 즉 사소한 것이라도 당신이 즐겁다면 목숨을 걸어라. 활기찬 생활이란 특별한 인생의 기술이 아니라 즐거운 생활의 실천에 있다.

마지막으로 머리에도 휴식을 주어라.

운동으로 근육이 회복되고 강화되는 것처럼 머리에도 휴식을 주어야만 새로운 열정으로 다시 일에 임할 수 있게 된다. 일할 때는 집중해서 해야겠지만 휴식을 할 때는 일에 대한 생각을 버리고 머리에 휴식을 주도록 하라. 시간을 정해 놓고 명상하는 것도 좋은 방법이다.

지나친 친절은 간섭이 된다

　세상에는 친절 한 가지로 예기치 않은 행운을 얻어 성공한 사람도 있다. 그러나 지나친 친절은 간섭이 된다. 상대에게 마음의 부담을 느끼게 하면 오히려 실례가 되는 것이다. 아무리 친한 사이라고 해도 상대방을 난처하게 만드는 지나친 친절은 삼가라.

　당신이 아무리 선의를 가지고 친절을 행하더라도 혹시 상대방의 기분만 언짢게 하는 것은 아닌지 판단하라. 상대를 잘 파악하여 그 사람의 입장이나 기분을 알아내는 요령이 있어야 하는 것이다.

정의란 각기 자기가 할 일을 다하고 타인을 방해하거나 간섭하지 않는 것이다.
플라톤

피곤할 때는 일을 멈추어라

피곤할 때는 일을 멈추고 휴식을 취해야 한다. 때로 당신은 쉴 시간이 없다고 생각할 것이다. 하지만 휴식을 취하지 않는다면 당신의 모든 활동은 곧 짐이 되어 버리고 즐거움은 사라질 것이다. 동물들은 휴식이 필요하다는 것을 알고 있고 어김없이 실천한다. 그것은 그들의 삶이 가지고 있는 리듬, 즉 운동과 휴식, 노력과 기분 전환이라는 리듬의 한 부분이다. 종종 기분이 좋지 않은 것은 몸에 휴식이 필요한 것임을 알아야 한다.

사람은 어릴 때 낮잠 자는 것을 당연하게 여겼다. 그런데 나이가 들어서는 자신에게 필요한 휴식의 권리를 잊어버린다. 하루를 보다 잘 보내고 싶다면 이러한 휴식이 꼭 필요하다는 사실을 기억해야 한다.

상쾌한 기분으로 일에 복귀하는 것은 당신과 주변 사람들에게 최상의 상태에 있는 자신을 선물로 주는 것이다.

진정한 행복은, 좋아하는 일을 마무리한 다음 휴식을 취하고
그로 인해 새로워질 때 얻어진다.
ㄴ. 유탕

집을 가장 행복한 곳으로 만들어라

집은 당신이 언제든지 의지할 수 있는 곳이다. 당신도 멀리 떠나 있어서 집에 가지 못한 적이 있을 것이다. 그런 때 집 안에 들어서면 그 어디에서도 얻지 못했던 편안함과 위안을 느낄 수 있다.

사람은 집에서 성장한다. 먹는 법, 걷는 법, 말하는 법을 집안에서 배운다. 집에 있으면 우선 마음이 안정될 뿐 아니라 바깥세상의 소란스러움과 위험으로부터 안전해진다. 집을 항상 편안하고 따뜻한 장소로 만드는 것은 바로 그곳에 사는 사람이다.

집은 자신의 모든 것을 내주어 행복한 곳으로 만들 만한 가치가 있다. 이곳에서 일어나는 모든 일이 당신이 살아가는 동안 마주치게 될 수많은 일들에 가장 큰 영향을 준다. 그리고 그 수많은 일을 원만하게 풀어 나가는 힘이 되고 더 큰 세상을 살아가게 해 준다.

아침에 눈을 떴을 때 처음 보이는 그곳에서부터 즐겁고 행복한 마음이 되어야 어디에서든 그날 하루를 잘 보낼 수 있다.

"내게는 사랑하는 가정이 있고, 좋아하는 일이 있고, 마음이 편하니
이게 바로 행복이구나!" 라는 생각을 하면서 때때로 나 자신에게 놀라곤 한다.
해리슨 포드

부정적인 생각은 버려라

부정적인 생각은 산비탈을 굴러 내려가는 자갈과 같다. 자갈 하나가 다른 자갈에 부딪치면 부딪친 자갈도 구르기 시작하고 다시 또 다른 자갈과 부딪친다. 계속 그렇게 부딪쳐서 수천 개의 자갈과 돌덩이, 심지어는 거대한 바위마저도 산을 따라 굴러 내려간다.

부정적인 생각을 하면서 틀에 갇혀 있는 자신을 발견하거든 당장 멈추고 긍정적인 생각으로 바꾸어라. 처음에는 단 하나의 긍정적인 생각으로 다른 부정적인 생각들을 쫓아낼 수 없을지도 모른다. 그렇다면 하나가 아니라 몇 개의 긍정적인 생각을 해야 하고, 그것을 생각의 산비탈을 따라 굴려 보내야 한다. 이렇게 계속해서 하다 보면 처음 했던 긍정적인 생각으로 다른 생각들을 흔들어 없애는 것이 어렵지 않다는 것을 알게 될 것이다. 사물의 긍정적인 측면을 보기 시작하면 당신의 삶이 변하는 것도 보게 될 것이다.

긍정적인 사람은 어디를 가나 파란 불을 보고, 비관적인 사람은 항상 빨간 불만 본다. 그러나 진실로 현명한 사람은 매 상황마다 조심스럽게 판단한다.
A. 슈바이처

남을 부러워하지 마라

시기심만큼이나 고통을 주고 시간을 낭비하게 만드는 감정도 없다. 남을 부러워한다면 당신은 절대로 스트레스에서 벗어날 수 없다. 왜냐하면 시기심이 시작되면 하루도 쉬지 않고 그 시기심에 빠져 살게 되기 때문이다.

시기심은 원한을 매달고 있는 갈고리와 같다고 생각하라. 그러면 시기심이란 것이 얼마나 어리석은 것인지 분명히 알 수 있을 것이다. 남을 시기하다 보면 당신 자신이 가진 소중한 것이나 장점에 눈을 돌리지 못하게 된다.

다른 어떤 누구도 가지지 않은 당신만의 것을 보도록 노력하라.

원하는 것을 갖는 것이 성공이라면 자신이 가진 것에 만족할 줄 아는 것이 행복이다.
무명씨

아군을 만들기보다 적을 두지 마라

다정했던 친구와 의견이 달라 멀어질 수는 있다. 그러나 함부로 등을 돌려서는 안 된다. 오직 바보만이 의도적으로 적을 만드는 것이다.

적은 반드시 해를 입히기 마련이다. 때론 열 명의 아군으로부터 얻는 이득보다 단 한 명의 적군으로부터 입는 해가 더 치명적일 수 있다.

더구나 절연한 친구는 당신의 비밀과 약점을 잘 알고 있기 때문에 어떤 적보다도 위협적이다. 이들은 아주 하찮은 일에 대해서도 허점을 파고들어 번번이 당신을 비난하기도 한다.

쉽게 깨진 우정은 언제나 깊은 후회를 남긴다. 따라서 헤어져야 할 이유가 분명하다면, 심각하게 다투는 것보다는 차라리 천천히 관계를 냉각시켜라. 그것이 바로 후회하지 않기 위해 후퇴하는 방법이다.

모든 사람에게 예절 바르고 많은 사람에게 친절한 사람은
아무에게도 적이 되지 않는다.
B. 프랭클린

'완전한 휴식'에 이르는 명상 건강법

모 출판사에 다니던 최선경 씨는 요가를 하고 나서 달라진 자신의 모습에 놀라움을 금치 못했다. 최 씨가 자신의 몸이 변하고 있다고 느끼기 시작한 건 요가센터에 다닌 지 4개월쯤 됐을 때다. 최 씨의 꺼칠했던 피부가 몰라보게 매끄러워지고, 늘 교정만 보느라 굽었던 어깨와 등도 꼿꼿하게 펴진 게 신기하고 놀라웠다.

제약 회사에서 영업 일을 하던 강기동 씨도 요가를 하고 난 이후에 변화된 신체 기능에 대해 놀라움을 금치 못했다.

강 씨는 직업상 항상 밖으로 돌아다니는 게 일이고, 제때에 식사를 하기가 어려워서 늘 소화가 안 되고 쉽게 체하곤 했단다. 그런 강 씨가 스스로도 놀랄 만큼 획기적인 신체 변화를 겪게 되었다. 요가 수련을 한 다음부터 평소의 체기나 소화불량이 전혀 나타나지 않았던 것이다. 아침 일찍이 혼자서 명상을 하면서 마음이 안정되고 모든 일에 집중이 잘된다. 이렇게 기분 좋게 하루를 시작하게 된 것은 요가 수행으로 누릴 수 있었던 인생의 보너스이다.

요가는 주부든 회사원이든 간에 필요에 따라 적당한 시간에 마음 놓고 할 수 있는 수련법이기 때문에 누구나 쉽게 적응할 수 있는 효과만점의 심신 수련 운동이다.

요가는 다음의 몇 가지 사항만 유의해서 꾸준히 운동하면 기찬 하루 일과를 시작할 수 있는 최고의 활력 생활법이 될 수 있다.

첫째, 요가는 아침저녁 식사 전 공복기를 이용하는 게 보다 효과적이며, 매일매일 규칙적으로 해 주는 것이 가장 중요하다.

둘째, 옷차림은 스스로가 가장 편하다고 느끼는 것이라면 뭐든 상관없다. 다만 몸에 꽉 끼는 옷은 호흡이나 혈액순환, 동작을 구사하는 데 장애가 되므로 헐렁하고 편안한 옷을 입고 요가를 해야 한다.

셋째, 정신을 집중할 수 있는 조용한 장소에서 시작하는 것이 좋다.

이처럼 몇 가지 주의 사항만 명심해서 꾸준히 요가 수련을 하면 불과 몇 개월 지나지 않아 탁월한 효과가 몸으로 바로 전달돼 온다. 요가는 우리 몸의 피로와 마음의 스트레스를 풀어 새로운 생명 에너지로 재충전시켜 주어 '완전한 휴식'에 이르게 하는 탁월한 명상 건강법이다.

첫인상의 노예가 되지 마라

누구나 처음 듣는 이야기에 현혹되기 쉽다. 그들은 종종 일시적인 기분이나 순간적인 충동의 포로가 되어 처음 들은 이야기를 아무런 논리적 근거도 없이 확신해 버린다.

그러나 자제력이 있는 사람은 첫인상의 노예가 되지 않는다. 첫인상이란 기껏해야 피상적인 것이다.

흔히 "첫 번째 소식은 최고의 거짓말이며, 두 번째 소식은 조금 완화된 거짓이다."라고 말한다. 맨 마지막 소식에 이르러서야 어느 정도 믿을 만한 현실성을 갖추게 되는 것이다.

지혜로운 왕으로 유명한 솔로몬은 반드시 하나의 이야기에도 그 양면을 살피기 위해 두 번 귀를 기울였다고 한다. 첫인상이나 한마디 말을 믿고 성급하게 판단을 내리는 것은 인격의 결핍을 자랑하는 것이다.

누구나 모든 현실을 볼 수 있는 것은 아니다.
대부분의 사람은 자기가 보고 싶어하는 현실만을 본다.
율리우스 카이사르

타인의 평가에 의존하지 마라

　사람들은 타인의 평가로 자신의 존재 가치를 판단하곤 한다. 그러나 냉정히 따져 보라. 타인의 평가는 당신의 행복과 아무런 관련이 없다.

　다른 사람이 호의를 보이거나 조금이라도 자신의 허영심을 자극해 주면 누구나 곧 좋아서 어쩔 줄을 모른다. 당신 역시 칭찬을 듣거나 당신의 장점을 인정받으면, 비록 그것이 한낱 사탕발림에 불과하다는 것이 빤히 들여다보일지라도 흐뭇한 얼굴을 하는 것이다.

　또 지금 당장 어려운 상황에 놓여 있다 하더라도, 남들이 치켜세워 주기만 하면 그것으로 충분한 위안을 받기도 한다.

　이는 당신의 인생에 아무런 도움도 주지 않는 무의미한 것이다.

나에 대한 사람들의 평가는 내가 스스로를 어떻게 평가하느냐에 좌우된다.
어니스트 헤밍웨이

섣부른 대답이 후회를 낳는다

섣부른 대답은 후회를 낳기 마련이다. 그러므로 결정하기 전에 잘 듣고, 자세히 관찰하고, 충분히 사고하라. 깊이 숙고한 자는 실행에 옮길 때에도 망설임이 없다.

충동이 감정을 자극하고 정신적으로 압박을 가해 오면 '예', '아니오'와 같은 극단적인 선택보다는 중립적인 자세를 유지하는 것이 낫다.

자신을 잘 아는 것, 자신을 컨트롤하는 것, 이 두 가지는 자기 향상의 첫째 요소이다.

감정의 과다 개입은 상식적인 판단의 질서를 무너뜨리고 삶의 의지와 목표를 퇴색시킨다.

좀 모자라는 사람은 말이 적은 바보일지 모르지만, 말 많은 바보보다는 낫다.
J. 라 브뤼에르

모든 것을 약속하는 사람을 의심하라

약속 가운데 어떤 것은 이루어지리라는 믿음이 들지만, 어떤 것은 사기의 냄새가 난다. 전자는 신뢰성이 바탕에 깔린 것이고 후자는 가증스러운 것이다.

어리석은 사람은 정중한 약속이라면 무조건 믿어 버리는 경향이 있다. 교활한 사기꾼들은 솔솔 부는 바람과 같은 말로 의심 받지 않는 확신을 산다. 사실상 신뢰를 가장한 덫이다. 또한 과장은 거짓말의 곁가지이므로 한시도 경계의 고삐를 늦추어서는 안 된다.

모든 것을 약속하는 자는 아무것도 약속하지 않는 사람과 같다. 그런 행위를 하는 사기꾼들은 오직 허세의 은행에 예금하며 그들의 자산이나 부채는 단지 농담과 빈말뿐이다.

지혜로운 사람은 행동으로 말을 증명하고, 어리석은 사람은 말로 행위를 변명한다.
유대인 경전

마음속의 편견을 몰아내라

당신이 추진하는 행동의 근거는 명확한 이성과 논리여야 하며, 결코 상상에서 비롯된 환영이어서는 안 된다.

그러나 감정이 개입되는 순간 대부분의 사람들은 단순한 이 명제를 망각한다. 주의 깊게 관찰하면, 우리가 최종 결단을 내리는 것은 관념이나 판단력이 아니라 한순간의 상상과 기분이라는 것을 알 수 있다.

마음속의 편견을 몰아내라. 자기 자신까지도 객관적으로 바라볼 수 있는 엄격함이 당신을 강하게 단련시킬 것이다.

명성은 쌓는 데 20년이 걸리지만, 단 5분이면 허물어진다.
이 사실을 생각해 본다면 당신은 조금 다르게 행동하게 될 것이다.
워렌 버핏

실수는 깨끗이 인정하라

흔히 자기의 잘못을 변명하거나 두둔하지 않으면, 그것을 인정하는 것으로 여긴다. 그러므로 자신 앞에 잘못을 깨끗이 고백하고, 앞으로 다시 똑같은 실수를 반복하지 않도록 마음을 굳게 다짐해야 한다.

물론 스스로 자신에게 내리는 유죄 선고가 결코 유쾌하지는 않을 것이나, 그 괴로움은 감수해야 할 짐이다.

징벌을 모르는 사람은 지혜를 얻을 수 없다.

성공은 당신의 재능에 달려 있는 것이 아니라 태도에 달려 있다.
MDRT 명사 강연록

오감 휴식

당신 몸의 쾌적하고 기분 좋은 느낌은 바로 몸 안에 누적된 피로 물질을 서서히 제거해 심신을 맑고 깨끗하게 변화시키는 릴랙스 기능을 강화시키는 역할을 한다.

오감으로 느끼는 쾌적한 휴식법에는 흔히 '삼림욕'이라고 부르는 기분 좋은 숲 체험이 있고, 요즘 젊은이들에게 유행처럼 번지는 '허브 체험'도 있다.

오감 체험을 통한 휴식은 그동안 생활하면서 쌓였던 도심의 나쁜 공기와 유해 환경 요소로 인해 비롯된 각종 공해 물질로 찌든 우리 몸을 자연에 가장 가깝게 되돌려 놓으려는 심신의 재충전 작업이라고 할 수 있다.

인위적으로 의도된 휴식보다는 자연과 가장 가까운 곳에서 가장 자연스러운 방법으로 자연과 호흡하고 자연 속에서 하나가 되려는 노력이야말로 가장 효과적인 오감 휴식의 하나이다. 그런 의미에서 생활의 여가가 허용된다면 되도록 가까운 숲이나 계곡, 강으로 나가 일상사에 찌든 당신의 몸을 자연에 그대로 맡겨 보라. 그러한 시간이 정 허락지 않는다면 하루에 단 몇 분이라도 근처 약수터나 산책로를 거닐면서 일상사에 쫓겨 이상이 생긴 당신의 몸을 그대로 놔둬 보라.

무엇보다도 보고, 듣고, 맛보고, 냄새 맡고, 만져 보는 오감의 기능이 제대로 발휘되었을 때 느낄 수 있는 우리 몸의 놀라운 반응에 그대로 자신을 내던져 보라. 그것이 삼림욕이든, 허브 체험이든 그 효과는 당신이 상상한 것보다 훨씬 큰 보답으로 당신을 신선하게 자극시켜 줄 것이다.

마음의 평정을 지켜라

한줄기 바람에도 마음이 흔들리는 변덕스러운 사람이 있다. 뚜렷한 확신 없이 누군가의 말 한마디에 시계추처럼 쉽게 휩쓸리는 사람은 나침반도 없이 바다를 항해하는 불안한 선장과도 같다.

미더운 사람들은 마음의 평정을 지키는 법을 알고 있다.

오늘 "예."라고 말하고 내일 "아니오."라고 말하는 사람들은 그들 자신은 물론 다른 사람 안에서도 전혀 평안을 발견하지 못한다.

언짢은 문제가 일어났을 때도 결코 흥분하지 마라.
분별없이 충동적인 행동을 하지 마라. 언제나 충동적인 생각은 좋지 않다.
A. 카네기

사소한 일로 마음을 다치지 마라

일상생활에서 다루기 어려운 것은 오히려 사소한 감정들이다. 큰 불행이 닥쳤을 때는 쉽게 체념하고 의연하게 받아들이지만 감정을 자극하는 사소한 사건에 대해서는 도리어 분노를 억제하지 못한다.

그러니 우리가 마음을 잘 다스려야 할 대상은 큰 불행보다는 사소한 일에 있다.

상쾌한 기분을 흠집 내는 사소한 일들은 하루에도 몇 번씩 일어난다. 또 그 작은 사건이 도화선이 되어 큰 불행으로 이어지기도 한다.

감정이란 그릇이 기울면 엎질러지는 물과 같은 것이어서, 늘 조심성 있게 다룰 필요가 있다. 일단 기울어지면 평화와 조화가 파괴된다는 것을 염두에 두고 넘치기 쉬운 순간에 적절히 조절해야 한다.

조급히 굴지 마라. 행운이나 명성도 일순간에 생기고 일순간에 사라진다.
그대 앞에 놓인 장애물을 달게 받아라. 싸워 이겨 나가는 데서 기쁨을 느껴라.
앙드레 모로아

도움을 청하는 것에 주저하지 마라

일을 하다 보면 남의 도움이 필요할 때가 있기 마련이다. 생각이 막힌다든지, 모르는 것이 있다든지, 누군가 도와준다면 일을 빨리 끝낼 수 있을 때 주저하지 마라.

도움을 청하기를 주저하다가 오히려 당신은 무능력한 사람이 될 수 있다. 순간의 창피함을 무릅쓴다면 적어도 문제를 해결할 수는 있는 것이다.

모르는 것을 물어보는 행동이 자신을 깎아 내리는 일이 아니라는 사실을 알아야 한다. 그보다는 자기가 모르는 것을 알고 있는 사람과 동등해지는 방법이라고 생각하는 것이 좋다. 현재 능력 있는 사람도 모두 이와 같은 방법으로 실력을 키워 왔다는 사실을 명심하라.

친구는 제2의 재산이다.
아리스토텔레스

자신을 낮추고 정중히 부탁하라

누군가로부터 심한 욕설과 비난을 받은 사람은 그 사람의 요구에 절대로 응해 주지 않는다. 상대가 강하게 나오면 나올수록 이쪽에서도 우격다짐을 하게 된다.

그러나 함께 잘 해결해 나가자는 부드러운 태도로 자신을 낮추고 정중히 부탁하면 이야기는 달라질 수 있다. 서로의 견해 차이는 인내심과 솔직함을 바탕으로 한 선의로써 충분히 해결할 수 있는 것이다.

상대방이 당신의 의견에 동의하도록 만들기 위해서는 우선 부드러운 태도로 당신이 그 사람과 같은 생각이라는 것을 인식시켜 주어라. 이것은 누군가의 마음을 사로잡는 달콤한 꿀이며, 상대방의 이성에 호소하는 최선의 방법이다.

많이 배웠다고 뽐내는 것은 지식이요,
더 이상 모른다고 겸손해하는 것은 지혜이다.
윌리엄 쿠퍼

# 정해진 시간만 일하라

일 자체가 인생의 최종 목표가 된다면 어떨까. 일은 반드시 해야 하는 신성한 행위이지만 하루 8시간을 일하고도 머릿속에 온통 일 생각뿐이라면 인생의 참맛을 다 알지 못할 것이다.

열심히 일을 했으면 남은 시간은 즐거움을 얻을 수 있는 일에 써라. 그래야 인생이 몇 배는 더 즐겁고 일에 치여 시들해져 가던 열정과 재능을 되살릴 수 있다. 이것이 바로 인생을 제대로 멋지게 사는 비결이다.

삶이 오직 일의 연속이라면 참다운 기쁨과 만족을 얻기 어렵다. 평생을 과도한 일에 억눌려 악착같이 살아가는 사람에겐 인간적인 매력이 없다. 그런 사람에게 행복이란 있을 수 없다.

일이 즐거움이라면 인생은 낙원이다.
일이 의무라면 인생은 지옥이다.
고르키

몸과 마음의 피로를 떨쳐라

열심히 일하는 사람들이 겪기 쉬운 육체적 피로는 건강을 해치는 주범이다. 그러한 피로는 정신적으로도 지치게 만들어 그 사람의 전체적인 균형을 무너뜨린다. 과로로 인한 피곤함이 극에 달했는데도 계속해서 일한다는 것은 자살 행위나 다름없는 일이다.

적당한 휴식은 무엇보다도 효과 있는 약이다. 당신이 남에게 필요 이상으로 감정적인 대응을 한다거나 신경이 예민해졌다면 분명 피로가 쌓인 것이다. 이때는 무엇보다도 먼저 피곤함을 풀 수 있는 방법을 찾아야 한다.

휴식이란 힘이 소모되기 전으로 돌아가는 것을 의미한다. 일종의 병에서 회복하는 과정인 것이다. 또한 아무리 짧은 휴식이라도 상상 밖으로 큰 효과를 발휘한다. 단 5분 동안의 단잠이나 체조만으로도 피로를 떨쳐 버릴 수 있는 것이다.

나는 최상의 컨디션에서 작업하기 위해 아직도 더 많은 휴식이 필요하다.
건강은 나의 중요한 자본이고 나는 건강을 현명하게 관리하고 싶다.
어니스트 헤밍웨이

힘보다는 친절을 이용하라

　지나가는 나그네의 옷을 누가 먼저 벗기는가를 놓고 내기를 하는 태양과 바람에 관한 우화가 있다. 바람이 있는 힘껏 세차게 불었지만 나그네는 옷을 더욱 꼭꼭 여민다. 마침내 바람이 포기하고 해가 나오는데 해는 꾸준히 따뜻한 빛을 나그네에게 비춘다. 결국 나그네는 옷을 벗어 던지고 만다.

　세상에는 힘보다 관대함이나 친절을 통해 해결할 수 있는 일들이 더 많다. 어떤 상황에서든 친절은 상대방의 고집과 이기적인 마음을 열어 준다. 그것은 마치 부드러운 나무뿌리가 화강암마저 뚫고 자라나는 이치와 다름없다.

매력 있는 남자란 자기 냄새를 피울 줄 아는 사람이다.
무슨 주의 주장에 파묻히지 않고 유연한 사람이다.
그러면서 더욱 예리하고 통찰력이 있는, 바로 그런 남자이다.
시오노 나나미, 『남자들에게』

시작할 때의 마음을 잃지 마라

처음 시작은 참신했던 일도 시간이 지날수록 폐단이 따르기 마련이다. 인생 또한 마찬가지여서, 지위가 높아질수록 시작할 때의 새롭고 산뜻한 마음을 잃지 말아야 그 가치를 인정받을 수 있다.

그러나 권력 가까이에 올라간 사람들은 새로운 힘을 과시하려는 유혹을 떨쳐 내기가 어렵다. 나중에는 자신을 배반할지도 모르는 헛된 권력의 그늘에서 인정받기를 기대하는 것이다.

평범함을 지키는 것이 유별난 것보다 더욱 어렵고 가치 있는 일임을 그들은 모른다. 모든 것에는 가장 좋은 때가 있는 법, 진정으로 의미 있는 영광이 당신을 기다리고 있음을 깨달아야 한다.

시작할 때의 마음을 잃지 마라.

헛된 명성에 얽매이지 마라.

당신이 전전긍긍 매달리는 많은 일들도 시간이 흐르면 사라질 덧없는 것임을 알아야 한다.

일을 계속 하면서 가장 큰 문제는 처음의 열정을 유지하는 것이다.
MDRT 명사 강연록